핵심 사례로 배우는
재무제표 분석 30분 완성

핵심 사례로 배우는
재무제표 분석 30분 완성

지은이 김대욱

펴낸이 이종록 펴낸곳 스마트비즈니스

등록번호 제 313-2005-00129호 등록일 2005년 6월 18일

주소 경기도 고양시 일산동구 정발산로 24, 웨스턴돔타워 T4-414호

전화 031-907-7093 팩스 031-907-7094

이메일 smartbiz@sbpub.net

ISBN 979-11-6343-037-7 03320

초판 1쇄 발행 2021년 6월 21일

초판 2쇄 발행 2021년 7월 15일

재무제표로 꿰뚫어 보는
'주식투자 인사이트!'

핵심 사례로 배우는 재무제표 분석 30분 완성

| 김대욱 지음 |

Sb
smart business

머리말

기업의 가치를 사는 '살아 있는 투자를 하라!'

한 시대를 지배했던 복싱 선수 마이크 타이슨은 시합 전 상대 선수가 "링 위에 오르면 스트레이트 잽으로 무력화시킨 뒤, 강력한 훅 한 방으로 경기를 끝내겠다"라고 도발해오자, "누구나 그럴듯한 계획을 가지고 있다. 처맞기 전까지"라고 짧게 응수했다.

복싱 선수라면 누구나 경기 전 상대 선수에 대해서 분석하고 어떻게 경기를 풀어갈지, 치밀하게 계획과 전략을 세운다. 비단 복싱 선수뿐만 아니라 모든 스포츠 선수들은 나름대로 경기 전 계획과 전략을 세운다. 그러나 마이크 타이슨 같은 강력한 상대를 만나면, 대부분의 계획은 무용지물이 되고 만다.

주식투자도 마찬가지다. 투자하고자 하는 기업에 대해 제대로 알고 있어야 매수 시기나 매수 금액, 매수 가격을 정할 수 있다. 이렇게 구체적인 투자 계획을 세우기 위해서는 당연히 기업에 대한 분석과 이해가 필요하며, 그것은 바로 재무제표 분석을 통해서 가능하다.

그러나 대부분의 개인 투자자들은 재무제표에 대한 분석을 제대로 하지 않고 주식투자를 하고 있다. 재무제표 분석이 없으면 기업에 대한 이해가 부족하고, 따라서 투자하고자 하는 기업에 대한 계획이나 전략이 있을 수 없다. 복싱 경기에 비유하면 상대 선수에 대한 아무런 분석이나 준비도 없이, 마치 마이크 타이슨과 같은 강력한 선수를 상대하기 위해 링 위에 오르는 것이나 다를 바 없다.

"어떻게 기업 재무제표를 그렇게 빨리 분석하세요?"

필자가 주변 지인이나 동료들로부터 자주 듣는 질문이다. 가끔 주변 동료들이 고객에게 추천하려는 종목에 재무적인 문제가 없는지 봐달라고 요청한다. 그러면 필자는 그 기업의 재무제표를 대략 10분 내외로 살펴보고 그 기업에는 어떤 문제점이 있고, 어떤 어려움을 겪고 있는지 확인해준다.

오랜 시간 기업의 재무제표 분석을 해온 필자에게는 당연하게 여겨지는 일이지만, 재무제표 분석에 익숙하지 못한 사람들은 그런 모습이 생소하게 느껴지는 것 같다. 기업의 재무제표를 정확하게 분석하는 일은 당연히 가장 중요하다. 필자는 평소 그에 못지 않게 분석 속도의 중요성을 강조하고 있다. 특정 기업의 재무제표를 분석하는 시간이 하루 종일 걸린다면 주식투자자에게는 아무런 의미가 없다.

기업의 재무제표는 그 목적에 맞게만 분석하면 된다. 우리의 목표는 주식투자에 필요한 재무제표 분석이다. 따라서 필자는 주식투자자의 경우 30분 이내에 재무제표 분석을 마쳐야, 그 의미가 있다고 생각한다.

* * *

독자들이 보다 빠르고 정확하게 기업의 재무제표를 분석할 수 있도록, 이 책에서는 크게 4가지를 집중적으로 설명했다.

첫째, 기업의 재무제표 분석을 하기 전에 예측을 해야 한다는 사실이다. 업종이나 기업의 영업 특성에 따라 영업활동의 최종 성적표인 재무제표가 달라진다. 예를 들어 은행주들은 부채비율이 1,000% 이상으로 아주 높다. 이는 은행주의 특성상 부채비율이 높아야 오히려 이익을 많이 내는 구조이기 때문이다. 이렇듯 은행 업종에 대한 이해가 없다면 당연히 기업의 재무제표 분석에 많은 시간이 걸릴 것이다.

따라서 기업의 재무제표를 분석하기에 앞서, 업종이나 기업 고유의 영업 특성을 미리 파악하고 있어야 한다. 그래야 재무제표의 어떤 계정과목에 어떤 숫자가 나타날지 미리 예측할 수 있으며, 그 결과 재무제표를 빠르게 분석할 수 있다.

필자는 평소 기업 실적보고서에서 찾을 수 있는 사업의 내용을 꾸준히 읽고 파악하고 있다. 우리는 사업의 내용을 통해 기업이 속한 산업의 특성과 기업이 내세우는 경쟁력, 제품 매출 구성 및 판매 가격 변화 추이, 공장가동률, 연구인력 관리 현황 등 그 기업의 상황에 대해 자세히 파악할 수 있다. 사업의 내용을 미리 파악하는 것은 재무제표 예측

능력을 향상시키는 가장 좋은 학습 방법이다. 이 책에는 사업의 내용 파악을 통해 기업을 어떻게 분석하는지 자세히 실었다.

둘째, 기업 계정과목 간 유기적인 관계를 집중적으로 설명했다. 필자는 기업의 매출이 급증하면 부족한 운전자금을 기업이 어떻게 조달했는지, 그 부분을 우선적으로 살펴본다. 기업의 매출이 급증하면 운전자본인 매출채권과 재고자산도 증가하게 된다. 그리고 운전자본이 증가하는 만큼 더 많은 현금이 필요하게 된다.

또한 기업이 대규모 설비투자를 단행하면, 다음 연도부터 기업의 매출이 증가하는지를 가장 먼저 체크한다. 설비투자는 유형자산 취득을 의미하며, 이는 감가상각비 증가로 이어진다. 따라서 기업은 감가상각비를 감당할 수 있을 정도로 매출이 늘어야 영업이익을 방어할 수 있다. 기업이 원재료를 외상으로 구입한 매입채무의 규모는 기업의 영업이익률과 관계가 있다.

이렇듯 기업의 재무제표 계정과목은 서로 유기적으로 연결되어 있으며, 그 관계를 자세히 이해하고 있어야 빠르고 정확한 재무제표 분석이 가능하다.

셋째, 이론식 재무제표가 아닌 현실의 기업 재무제표를 설명하려고 노력했다. 책상 앞에 앉아서 배워 왔던 이론식 재무제표와 실제 기업의 영업활동 결과물인 재무제표에는 큰 차이가 있다. 이 책에서 필자는 여러 기업을 탐방하면서 알게 된 생생한 기업 현장의 재무제표들을 소개한다. 이를 위해 일부 기업이 아닌 다양한 업종의 여러 기업들의 실제 재무제표 사례들을 수록했다.

넷째, 재무제표와 각종 투자지표 중 필자가 판단하는 전문가들의 잘못된 설명이나 이론을 집중적으로 다뤘다. 필자는 특정인을 비난하거나 망신 줄 생각은 전혀 없다. 다만 전문가의 잘못된 설명이나 주장은 의도치 않게 다른 누군가다수의 주식투자자의 막대한 금전적 손실로 이어질 수 있다. 그렇기 때문에 잘못되었다고 판단하는 부분을 바로잡으려는 의도에서 다루게 되었다.

* * *

주식투자와 관련된 분명한 논란의 여지가 있는 이론이나 주장에 대해서는 격렬한 토론과 의견 교환을 해야 한다. 그런 토론에서 상대방에 대한 격식이나 예절을 중시해 대충 넘어가는 것보다는 잘못된 부분을 정확하게 짚어주는 용기가 더 필요하다. 왜 그럴까? 주식투자는 우리의 소중한 자산과 직결되는 것이기 때문이다. 생명과도 같은 우리의 자산을 격식이나 예절과 맞바꿀 필요는 없다. 반대로 당연히 필자의 주장이나 판단이 틀릴 수 있기 때문에, 이와 관련해서 다른 전문가의 반대 의견이나 비난을 기꺼이 받아들일 준비도 되어 있다.

일부 전문가는 재무제표 분석으로 수익을 낼 수 있다고 설명한다. 자기자본이익률순이익/자기자본을 세분해서 분석하면 기업의 이익을 더 잘 예측할 수 있다고 주장하는 전문가도 있다. 예를 들어 자기자본이익률을 구하는 공식인 '순이익/자기자본'은 '순이익/매출액 × 매출액/자산 × 자산/자기자본'으로 다시 구성할 수 있다. '순이익/매출액'은 '매출액순이익률'이며, '매출액/자산'은 '자산회전율', '자산/자기자본'은 '자산자본비율'이다. 이런 세분화 과정을 통해 기업의 비용 통제 능력매출액순이익률과 기업의 자산활용 효율성자산회전율, 기업이 외부차입부채으로 주주를 위해 이익을 창출하는 능력을 분석할 수 있다는 설명이다.

필자는 이를 이론식 재무제표 분석의 전형적인 사례라고 생각한다. 재무제표에서 매출액순이익률, 자산회전율, 자산자본비율을 확인하는 작업으로 기업의 이익을 더 잘 예측할 수 있다면 이미 많은 주식투자자들이 재무제표 분석으로 큰 수익을 내고 있을 것이다.

필자의 경험상 재무제표 분석으로 수익을 내거나 기업의 미래 이익을 정확하게 예측하는 방법은 절대 없다. 운 좋게 자신의 주장이나 설명과 일치하는 종목의 사례가 있을 수는 있으나, 상장기업에 보편적으로 적용 가능한 수익을 내는 그런 재무제표 분석 방법은 있을 수 없다.

다만 우리는 재무제표 분석을 통해 기업의 전반적인 영업 상황을 파악할 수 있다. **투자하고자 하는 기업이 현재 어떤 어려움을 겪고 있고, 어떤 문제점을 가지고 있는지 확인할 수 있다.** 이것만으로도 재무제표 분석은 큰 의미를 가진다.

* * *

필자는 20년 이상 증권 회사에서 근무하면서 주가는 기업의 이익, 특히 영업이익의 영향을 직접적으로 받는다는 사실을 경험적으로 깨닫게 되었다. 만일 영업 외 수익이나 비용, 특별 손익이라는 변수로부터 자유롭다면 주가는 영업이익보다는 순이익의 영향을 더 직접적으로 받을 것이다. 그러나 예측이 어려운 다양한 변수로 인해 당기순이익의 신뢰도가 떨어지고, 그 결과 주가는 영업이익의 직접적인 영향을 받게 되는 것이다.

그리고 EBITDA, **잔여이익모델, ROE, 영업활동현금흐름, 잉여현금흐름 모두 영업이익의 직접적인 영향을 받는다.**

EBITDA = 영업이익 + 감가상각비

* 영업이익이 증가해야 EBITDA도 증가한다.

잔여이익모델 = 자기자본 + 잔여이익의 현재가치

* 영업이익이 증가해야 잔여이익이 증가하고, 이익잉여금의 증가로 자기자본도 증가한다.

ROE = 당기순이익 / 자기자본

* 영업이익이 증가해야 당기순이익도 증가할 가능성이 높다.

영업활동현금흐름 = 당기순이익 + 조정 + 이자 지급, 법인세 납부 등

* 영업이익이 증가해야 당기순이익도 증가할 가능성이 높다.

잉여현금흐름 = 영업활동현금흐름 – 영업에 대한 투자

* 영업활동현금흐름이 증가해야 한다.

결국 우리를 현혹하는 모든 투자지표는 기업의 이익영업이익 문제로 귀결된다. 기업의 이익이 증가하면 어떤 투자지표를 이용하든 기업의 가치는 상승하게 되어 있다. 따라서 **기업의 이익에 대한 힌트를 재무제표 어디에서 얻어낼 수 있을지, 전문가들은 기업의 이익을 어떻게 전망했는지에 더 관심을 가져야 한다.**

주가는 기업의 이익이 결정한다는 필자의 주장에 동의한다면, 우리는 이미 주식투자로 수익을 내는 가장 확실한 방법을 잘 알고 있다. 기업의 이익은 회사가 생산하고 있는 제품의 경쟁력의 영향을 직접적으로 받기 때문이다. 경쟁력이 뛰어난 제품을 생산하는 기업의 이익은 증가한다는 것 역시 주식투자자라면 누구나 익히 알고 있는 상식이다.

* * *

자, 그렇다면 독자들에게 주식투자를 하면서 투자하고자 하는 기업의 제품 경쟁력을 파악하기 위한 노력을 하고 있는지 묻고 싶다. 자신 있게 그렇다고 대답할 사람은 결코 많지 않을 것이다. 자신이 투자한 기업의 제품 경쟁력을 파악하기 위해 판매 대리점이나 최종 소비자를 직접 찾아가서 확인하는 작업을 하는 투자자도 거의 없을 것이다. 대신 대부분의 투자자는 기업의 현실과는 동떨어진 이론식 기업 분석차트 분석에만 매달린다.

또 이들과 다르게 어쨌든 살아남으면 주가는 올라간다는 말도 안 되는 논리를 내세우며 관리종목이나 상장폐지 여부를 구별하는 방법을 집중적으로 설명하는 전문가에 현혹되어, 거의 유령회사나 다름없는 부실기업에 투자하는 사례도 있다.

이런 현실과 동떨어진 기업 분석에 매달릴 시간에, 차라리 항공사 화물운송 담당자를 찾아가 요즘 수출이 잘되는 회사는 어디인지 확인하는 게 낫다. 그 방법이 주식투자에 훨씬 도움이 될 것이기 때문이다. 따라서 주식투자를 위한 첫 걸음은 바로 기업의 재무제표를 제대로 이해하고 분석하는 것임을 잊지 말아야 한다.

필자는 2020년에 출간했던 《주식투자자 관점에서 재무제표 행간을 읽어라》에서 당연한 것이어서 설명하지 않았던 부분을 보완하고 업그레이드해서 이번 책 《핵심 사례로 배우는 재무제표 분석 30분 완성》을 출간하게 되었다. 전작이 재무제표 공부를 위해 필요한 기초를 다룬 '**기본 편**'이었다면, 이번 책은 '**고급 편**'에 해당한다.

이 책은 독자들이 재무제표에 대한 기본 지식을 갖추고 있다는 전제하에 쓰였다. 기본 지식 함양이 아니라, 좀 더 체계적이고 심도 있는 재무제표 분석을 원하는 독자를 위해서 준비한 책이다. 재무제표의 기본을 다지고 싶은 독자라면 이 책보다는 《주식투자자 관점에서 재무제표 행간을 읽어라》가 더 도움이 될 것이다. 독자 여러분들의 성공 투자를 응원한다.

차례

· PART 2 ·

사례로 읽는 현실의 재무제표 이해하기

· PART 3 ·

잘못 알려진 투자지표 제대로 이해하기

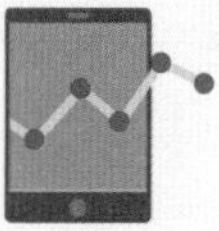

PART 1

30분 안에
재무제표
핵심 파악하기

기업의 재무제표 분석 노하우

필자는 가끔 직장 동료들로부터 고객에게 특정 주식을 매수 추천하려고 하는데, 재무제표상 문제가 없는지 확인해달라는 요청의 전화를 받는다. 그런 전화를 받으면, 필자는 전화를 끊지 않고 곧바로 전자공시시스템에 들어가서 해당 기업의 재무제표를 열어 본다. 그리고 이런저런 계정과목에 문제가 있어 보이니, 그 원인을 회사에 꼭 확인해보라고 말해준다.

직장 동료가 요청한 기업의 재무제표를 분석하는 데 걸리는 시간은 대략 10분 내외다. 직장 동료는 고맙다는 말을 전하며, 어떻게 그렇게 빨리 기업의 재무제표를 분석하는지 그 비결을 묻기도 한다. 그럴 때,

필자는 대략 3가지 정도로 기업의 재무제표 분석 방법을 설명해준다. 그 내용은 다음과 같다.

기업의 재무제표를 예측하라

필자는 특정 기업의 재무제표를 분석하기 전에 기업의 재무제표에서 무엇을 확인해야 하는지 미리 예측한다.

수학에 남다른 재능이 있는 학생들 대부분은 수학 문제를 풀기 전에, 미리 어떻게 문제를 풀어야 할지 생각하고 예측한다. 전문 요리사가 음식을 만들기 전에 어떻게 요리를 해야 할지 머릿속으로 계획을 세우는 것과 마찬가지다.

예를 들어 조선, 화학, 철강 등 대규모 설비투자가 필요한 장치산업에 속하는 기업들은 당연히 생산설비유형자산의 신규 취득이 많을 것이다. 따라서 필자는 대규모 장치산업에 속하는 기업들의 재무제표를 볼 때 가장 먼저 기업의 매출이 증가기업이 대규모 설비투자에 따른 감가상각비 부담을 이겨내는 유일한 방법은 매출이 증가하는 것이다하고 있는지 확인한다. 그리고 유형자산의 변동 내역과 유형자산 취득과 관련된 감가상각비, 감가상각비와 관련된 매출원가 등을 순차적으로 살펴본다.

소프트웨어 개발 및 판매가 주된 업무인 회사나 반도체 칩을 설계만 하는 회사들은 당연히 생산설비가 거의 없을 것이고, 당연히 그와 관련한 감가상각비도 거의 발생하지 않을 것이다. 그렇다면 기업의 주된 비용은 당연히 매출원가원재료 구입비가 많지 않고, 감가상각비가 없다가 아닌 판매비와 관리비이 기업의 주된 비용은 연구개발 인력의 인건비일 가능성이 아주 높다가 될 것이다.

또 다른 예를 들자면, 은행주들의 재무제표는 부채비율이 대단히 높다는 특성이 있다.

기업실적분석 더보기

주요재무정보	최근 연간 실적				최근 분기 실적					
			2019.12	2020.12 (E)	2019.09	2019.12	2020.03	2020.06	2020.09	2020.12 (E)
			IFRS 연결	IFRS 연결	IFRS 연결	IFRS 연결	IFRS 연결	IFRS 연결	IFRS 연결	IFRS 연결
매출액(억원)			227,083		73,293	33,061	112,155	34,693	43,019	
영업이익(억원)			28,000	21,992	6,593	4,303	7,733	3,993	6,752	3,459
당기순이익(억원)			20,376	15,846	5,341	2,315	5,578	2,163	5,217	3,265
영업이익률(%)			12.33		9.00	13.01	6.89	11.51	15.69	
순이익률(%)			8.97		7.29	7.00	4.97	6.23	12.13	
ROE(%)				6.36			8.97	6.48	6.18	
부채비율(%)			1,319.96		1,426.21	1,319.96	1,365.66	1,375.93	1,353.10	

위의 그림에서 붉은색 박스로 표시한 부분이 우리은행의 부채비율이다. 은행 업종의 특성을 이해하지 못한다면, 어마어마하게 높은 부채비율에 경악을 금치 못한 나머지 우리은행이 언제 망할지 모르니 어서 맡겨 둔 예금을 서둘러 찾아야겠다고 생각하는 투자자도 있을 수 있다.

다음의 그림을 보자.

(단위 : 백만원)

	2019년 말		2018년 말		2017년 말	
II. 부채						
1. 당기손익-공정가치측정 금융부채	2,956,294		2,282,686		-	
2. 당기손익인식금융부채	-		-		3,427,909	
3. 예수부채	263,643,964		248,690,939		234,695,084	
4. 차입부채	18,575,566		16,202,986		14,784,706	
5. 발행사채	22,834,408		28,725,862		27,869,651	
6. 충당부채	379,197		389,862		410,470	
7. 순확정급여부채	48,278		138,682		43,264	
8. 매각예정자산관련부채	-		72,660		-	
9. 당기법인세부채	135,490		156,559		232,600	
10. 이연법인세부채	179,529		18,156		22,681	
11. 파생상품부채	43		51,408		67,754	
12. 기타금융부채	16,595,398		21,426,064		13,892,461	
13. 기타부채	178,401		338,275		283,981	
부채총계		325,526,568		318,494,139		295,730,561
III. 자본						
1. 지배기업 소유주지분	22,555,074		21,739,931		20,365,892	
(1) 자본금	3,381,392		3,381,392		3,381,392	
(2) 신종자본증권	3,660,814		3,161,963		3,017,888	
(3) 자본잉여금	287,480		285,889		285,880	
(4) 기타자본	(2,120,597)		(2,213,970)		(1,939,274)	
(5) 이익잉여금	17,345,985		17,124,657		15,620,006	
(대손준비금 적립액)	(2,356,246)		(2,578,457)		(2,438,191)	
(대손준비금 환입(전입)필요액)	209,898		222,211		(140,266)	
(대손준비금 환입(전입)예정액)	209,898		222,211		(140,266)	
2. 비지배지분	100,016		213,113		199,008	
자본총계		22,655,090		21,953,044		20,564,900

위의 그림은 우리은행의 2017년부터 2019년 말까지 재무상태표 일부분이다. 2019년 말 우리은행의 자본총계는 22조 6,550억이다. 반면 부채총액은 무려 325조 5,265억으로 부채비율이 1,300%가 넘는 것을 알 수 있다. 그 주된 이유는 예수부채 263조가 전체 부채의 80%를 넘을 정도로 많은 비중을 차지하고 있기 때문이다. 예수부채란 우리은행의 고객들이 맡긴 예금/적금을 말한다.

은행의 주된 수입원은 예대마진이다. 고객에게 낮은 금리의 이자를 주고 예금을 유치해서, 개인이나 기업에 높은 금리로 대출을 해줘서 이익을 남기는 장사다. 그러므로 예수부채가 타 은행보다 많다는 이야기는 고객들로부터 더 많은 예금/적금을 유치했다는 의미이며, 이는 더 많은 대출 재원을 확보했다는 뜻이다. 따라서 예수부채가 많을수록 은행은 영업을 더 잘한 것이라 할 수 있다. 그렇기 때문에 결국 은행주들은 재무제표상의 부채비율이 높아야 수익성이 높은 은행이라는 사실을 알 수 있다.

이런 식으로 필자처럼 특정 기업의 재무제표를 분석하기에 앞서 어떤 계정과목에 큰 숫자가 나타날지 미리 예측하고 분석해야, 기업의 재무제표 분석을 빠르고 정확하게 할 수 있다.

재무제표 계정과목 간 유기적 관계를 이해하라

필자는 기업의 매출이 전 분기 혹은 전년 동기와 대비해서 급증하거나 이익이 크게 증가하면 당연히 긍정적인 신호로 받아들인다. 그리고 곧바로 기업이 부족한 운전자금을 어떻게 마련했는지 재무활동현금흐름을 통해 체크한다. 매출이 크게 증가하면, 운전자본인 매출채권과 재고자산 역시 증가할 것이기 때문이다. 운전자본이 증가하는 만큼 현금은 묶이게 되고, 기업이 보유한 현금은 부족해진다.

따라서 기업은 부족한 현금을 외부차입이나 유상증자를 통해 해결하려 할 것이다. 이러한 매출채권과 재고자산의 증가는 영업활동현금흐름을 감소시키는 영향을 미친다.

기업이 대규모 설비투자유형자산의 증가를 단행하면, 필자는 설비투자 이후 기업의 매출이 증가하는지 여부를 가장 먼저 확인한다. 유형자산의 증가는 감가상각비의 증가를 의미하는데, 이는 기업의 영업이익을 감소시키기 때문이다. 따라서 기업의 매출이 증가해야 감가상각비 증가 부담을 덜 수 있게 된다.

이런 식으로 필자는 특정 계정과목에 큰 변화가 생기면, 그와 관련되어 연쇄적으로 변화가 생기는 계정과목을 함께 살펴본다. 이처럼 **계정과목 간의 유기적인 관계를 정확하게 이해하고 있어야 기업의 재무제표 분석을 빠르게 할 수 있다.** 이는 재무제표에 대한 기본적인 지식을 갖추고 있어야 가능한 일이다.

(단위 : 원)

	제 23 기	제 22 기	제 21 기
자산			
유동자산	56,738,294,435	51,913,540,318	67,769,391,550
현금및현금성자산	2,165,501,987	1,962,452,431	4,910,274,870
매출채권 및 기타수취채권	37,510,590,107	42,044,144,854	50,724,147,165
기타유동금융자산	1,000,000,000	3,149,084,070	1,800,000,000
기타유동자산	1,930,762,302	2,600,611,808	5,557,944,611
재고자산	14,131,440,039	2,157,247,155	4,777,024,904

위의 그림은 어느 상장기업의 재무상태표 자산 계정의 일부분이다. 제23기 재고자산의 급증으로 기업의 운전자본이 증가했다. 운전자본이 증가한 만큼 기업은 현금이 묶이게 되어, 추가적인 자금 조달이 필요해졌다고 판단할 수 있다.

재무활동현금흐름	2,962,128,571	(9,296,854,726)	7,942,071,891
주식의 발행	0	0	0
차입금의 증가	7,201,817,776	2,000,000,000	3,030,931,584

기업은 부족한 현금을 외부차입 72억으로 해결했다. 이런 식으로 재무제표 계정과목 간의 유기적인 관계를 이해하고 있어야, 빠르고 정확하게 재무제표를 분석할 수 있다.

큰 숫자 중심으로 재무제표를 분석하라

기업의 **재무제표는 큰 숫자 위주로 분석하되, 큰 숫자적 변화가 생긴 계정과목을 중점적으로 분석하면 된다.** 기업의 재무제표에 나타나는 매출액, 매출원가, 판매비와 관리비, 영업이익, 매출채권, 재고자산, 유형자산, 감가상각비 등 큰 숫자들은 기업의 실적에 많은 영향을 미친다. 따라서 기업 재무제표를 볼 때는 주로 큰 숫자 위주로 파악하는 습관을 들일 필요가 있다.

기업의 영업활동은 지속적으로 반복되고 그것이 결과로 드러난다. 예를 들어 자동차를 생산 및 판매하는 회사가 2분기에 10만 대를 판매했는데, 갑자기 3분기에 1만 대만 판매할 가능성은 거의 없다. 대형 유통업을 하는 이마트의 매출액이 작년에는 10조였는데, 올해에는 1조에

머무를 가능성도 거의 없다.

따라서 특정 계정과목의 숫자가 전 분기 대비, 혹은 전년 동기 대비 크게 변화했다면, 기업의 영업활동에도 큰 변화가 생겼을 가능성이 높은 것이다. 주식투자자는 큰 숫자의 변화가 생겼을 때, 그 부분을 중점적으로 분석해야 한다.

주식투자자의 이해를 돕기 위해 이를 쉽게 구별할 수 있는 기업의 사례를 소개한다.

연결 손익계산서

제 48 기 3분기 2020.01.01 부터 2020.09.30 까지

제 47 기 3분기 2019.01.01 부터 2019.09.30 까지

(단위 : 원)

	제 48 기 3분기		제 47 기 3분기	
	3개월	누적	3개월	누적
I. 매출액	879,537,994,639	2,346,177,981,378	1,475,279,989,416	4,173,343,845,462
II. 재료비	(595,580,834,719)	(1,554,279,341,580)	(860,869,491,771)	(2,354,676,891,489)
III. 인건비	(52,580,674,037)	(176,810,799,768)	(80,619,199,237)	(227,805,544,647)
IV. 기타영업비용	(251,202,510,983)	(765,155,959,803)	(476,417,623,035)	(1,372,611,642,821)
V. 영업손익	(19,826,025,100)	(150,068,119,773)	57,373,675,373	218,249,766,505

위의 그림은 어느 상장기업의 각각 2019년 3분기부터 2020년 3분기까지의 연결손익계산서 일부분이다. 2020년 3분기까지 기업의 실적을 살펴보면, 2019년에 비해서 기업의 매출액은 거의 절반 수준으로 급감했다. 영업이익은 2,182억 흑자에서 1,500억의 대규모 적자 전환을 했다. 기업의 영업활동에 큰 문제가 생긴 것이다.

이 상장기업은 바로 호텔신라다. 호텔업과 면세점 사업을 주로 영위하고 있는 호텔신라는 2020년 2월 발생한 코로나19 팬데믹의 직격탄을 맞은 기업 중 하나다. 이로써 우리는 이 기업의 매출과 이익이 급감한 원인에 대해 쉽게 알 수 있었다.

이런 식으로 기업 재무제표 계정과목에 큰 변화가 생겼다는 것은 그동안 해왔던 영업활동에 큰 변화가 생겼다는 것을 의미하기 때문에, 우리는 그렇게 된 원인을 집중 분석해야 한다.

사업의 내용 200% 활용하기

누군가 필자에게 주식의 고수가 되는 가장 확실한 방법이 무엇이냐고 질문한다면, 주저하지 않고 전자공시시스템 실적보고서에서 찾을 수 있는 '사업의 내용'을 열심히 읽고 또 읽으라고 말할 것이다. 기업의 재무제표에 대한 예측과 계정과목 간의 유기적인 관계를 잘 이해하기 위해서는 사업의 내용을 이해하는 일이 필수이기 때문이다.

우리는 사업의 내용을 이해하는 것을 통해 그 산업에 대한 이해를 높일 수 있으며, 해당 산업에서의 개별 기업이 가진 경쟁력도 파악할 수 있다. 산업과 개별 기업의 영업 특성을 훤히 알고 있어야 기업의 재무제표를 예측할 수 있고, 효과적으로 빠르게 분석할 수 있다.

여러분은 사업의 내용에 대한 필자의 다음 설명을 통해 어떻게 기업을 정확하고 꼼꼼하게 분석하는지, 그 방법을 이해하게 될 것이다.

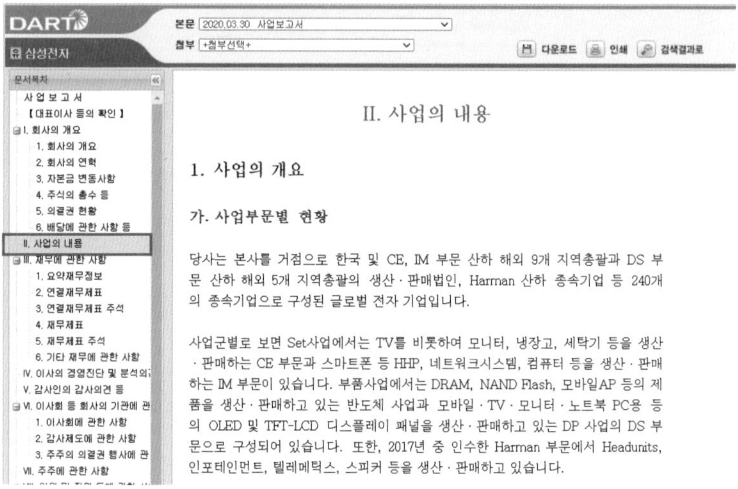

위의 그림은 삼성전자의 2019년도 사업보고서에서 찾은 '사업의 내용'이다. 우리는 이 문서를 보면서 산업의 특성 및 변화, 기업의 경쟁력, 제품별 매출 비중 및 가격 변동 추이, 공장가동률, 원재료 구성 및 가격 동향, 연구인력 현황 등 기업에 대한 모든 것을 파악할 수 있다.

또한 기업은 새로운 제품을 출시하거나 시장 점유율을 높여서 기업의 영업활동에 중요한 변화가 생기면, 수시로 사업의 내용을 업데이트한다. 따라서 재무제표 분석을 하려는 주식투자자라면 가장 최신의 실적보고서분기, 반기, 사업보고서에 실려 있는 사업의 내용을 반드시 확인해보는 것을 추천하고 싶다.

산업의 특성

사업의 내용에서 가장 먼저 확인해야 할 부분은 바로 '산업의 특성'이다.

(3) 경기변동의 특성

가전산업은 일반적으로 국내/외적인 경기변동의 영향을 받으며, 기술의 변화와 고객의 요구변화에 민감하게 영향을 받습니다.

또한, 당사의 주요제품인 제습기는 여름 성수기에 수요가 집중되어 있으며, 여름철 강수량에 따라 수요가 민감하게 변동되는 특성이 있으며, 공기청정기는 최근 사회적으로 이슈화 되고 있는 미세먼지와 초미세먼지의 오염도에 따라 수요가 변동합니다. 에어워셔는 겨울에 수요가 많은 등, 제품별 계절적, 기후적 특성에 따라 수요가 영향을 받습니다.

(4) 경쟁요소

전통적인 대형 가전제품은 종합가전회사의 브랜드가 주요 경쟁요인으로 작용하였으나, 소형 가전제품은 각 제품의 성능과 차별화된 기능 등을 고려하여 전문회사의 브랜드가 소비자에게 인식되기 시작하여, 각 제품별 전문회사로서의 브랜드 인지도가 중요하게 작용하고 있습니다.

그리고 수출시장에서는 가격, 품질, 성능, 그리고 제품의 안정적 공급능력 등 제품의 기능과 공급자의 역량이 경쟁요소로 작용하고 있습니다.

위의 그림은 제습기와 공기청정기 중심의 생활가전 제품을 생산 및 판매하고 있는 위닉스의 사업의 내용 중 산업의 특성 일부분이다. 붉은색 박스의 내용을 살펴보면 제습기는 여름 성수기장마철, 소나기 영향에 수요가 집중되고, 공기청정기는 미세먼지와 초미세먼지의 오염도에 따라 수요가 변동한다고 설명하고 있다.

또한 세탁기, 냉장고, TV 등 전통적인 대형 가전제품은 종합가전회사의 브랜드삼성, 엘지가 주요 경쟁 요인으로 작용한다. 하지만 소형 가전제품공기청정기, 제습기, 정수기 등은 제품의 성능과 차별화된 기능 등을 고려하여 각 제품별 전문회사의 브랜드 인지도위닉스 뽀송 제습기, 코웨이 정수기 등가 중요하게 작용하고 있다는 내용이 담겨 있다.

우리는 이 내용을 단 한 번만 읽어도 위닉스 기업이 속한 산업의 특성에 대해 아주 쉽게 이해할 수 있다. 그 이유는 바로 우리가 위닉스에서 생산하는 제품을 일상생활에서 흔히 사용하고 있기 때문이다.

그러나 반도체, 화학, 철강, 조선, 은행, 보험 등과 같은 다양한 분야의 산업의 특성을 위닉스 기업이 속한 산업처럼 한 번에 쉽게 이해할 수 있는 주식투자자는 아마도 드물 것이다.

하지만 사업의 내용을 꾸준히 반복해서 읽다 보면 위닉스의 경우처럼 산업의 특성을 쉽게 이해할 수 있는 기업들이 생기게 된다. 그리고 그런 기업이 늘어날수록 여러분은 주식 고수에 더 가까워질 것이다.

기업의 경쟁력

산업의 특성 다음으로 사업의 내용에서 확인해야 할 부분은 바로 '기업의 경쟁력'에 대한 설명이다.

먼저 실제 기업의 사례를 살펴보자.

1-3. 시장에서 경쟁력을 좌우하는 요인 및 회사의 경쟁상의 강점과 단점
해당 산업은 고도의 전자회로 및 정밀기계 기술을 요구하며 빌드업과 RF Type의 FPCB는 선진적 연구개발을 통한 양산 능력을 요하는 등 고품질의 제품을 납기를 준수하여 납품해야 하는 고객 지향적 산업으로 진입장벽이 높은 산업에 속하고 있습니다. 당사는 국내 FPCB업체 중 유일하게 베트남에 전공정 생산라인을 구축하여 전략적 SCM을 마련하였으며, 이를 통해 운송비용 및 인건비 절감으로 경쟁력을 확보하고 있습니다. 또한, OLED 트렌드에 필수적인 RF-PCB 생산에 있어서 양산 노하우와 최대 CAPA를 보유하였으며, 수년간 유수의 기업들과 함께 베스트 파트너십을 이어오고 있습니다. 또, 당사는 선제적 연구개발을 통해 현 시장을 넘어 향후 적용될 수 있는 어플리케이션 시장에 대해서도 고객의 니즈에 대응하는 고품질의 제품을 생산할 능력을 보유하고 있고, 다수의 양산 포트폴리오를 통해 안정적인 품질 및 납기 준수 능력을 확보하고 있습니다.

위의 그림은 FPCB 생산업체인 비에이치의 사업의 내용 중 기업의 경쟁력 부분에 대한 설명이다.

먼저 사업의 내용 중 기업 경쟁력을 설명하는 부분을 주식투자자들이 어떻게 읽고 해석해야 할지 하나의 예를 들어 이야기하는 것뿐이지, 이 기업 자체의 경쟁력에 문제가 있다는 것은 결코 아님을 미리 밝힌다.

비에이치는 국내 FPCB 업체 중 유일하게 베트남에 전 공정 생산라인을 구축하여 운송 비용 및 인건비 절감을 통해 기업의 경쟁력을 확보하고 있다고 설명하고 있다. 또한 수년간 유수의 기업들과 베스트 파트너십을 이어 오고 있으며, 안정적인 품질 및 납기 준수 능력을 확보하고 있다는 내용도 담았다.

실적보고서에 있는 사업의 내용은 해당 기업의 주식 IR 담당자가 주로 작성한다. 그리고 대부분의 주식 IR 담당자가 이 내용을 작성하면서 가장 신경을 쓰는 것이 바로 기업의 경쟁력을 설명하는 부분이다.

기업의 경쟁력 부분은 취업 준비생의 이력서로 따지면 자기소개서에 해당한다. 취업 준비생과 비슷한 심정으로 최대한 기업의 장점을 어필하기 위해서 정성을 다해 작성하는 부분이, 바로 기업의 경쟁력 정도로만 이해하는 것이 좋다.

따라서 사업의 내용을 많이 접해본 주식투자자가 아니라면, 사업의 내용에 적힌 기업 경쟁력 부분만 읽고 부실기업마저도 탁월한 경쟁력을 확보한 아주 뛰어난 기업으로 판단하기 쉽다. 그러므로 기업의 경쟁력 부분은 기업이 내세우는 자기 회사의 경쟁력 정도로만 이해하는 것이 좋다.

비에이치가 소개하는 전 공정 생산라인 구축은 운송비 및 인건비 절감이라는 장점도 있지만, 반대로 매출이 크게 증가하지 않는다면 대규모 유형자산 취득에 따른 감가상각비 증가로 인해 기업에 큰 부담이 될 수도 있다. 실제로 비에이치의 2019년 감가상각비 규모는 300억을 넘었다.

연결 포괄손익계산서

제 21 기 2019.01.01 부터 2019.12.31 까지
제 20 기 2018.01.01 부터 2018.12.31 까지
제 19 기 2017.01.01 부터 2017.12.31 까지

(단위 : 원)

	제 21 기	제 20 기	제 19 기
수익(매출액)	654,853,721,434	767,882,469,568	691,341,626,549
매출원가	566,414,890,928	614,519,912,879	580,991,060,071
매출총이익	88,438,830,506	153,362,556,689	110,350,566,478
판매비와관리비	25,870,803,476	62,332,731,955	34,619,376,528
영업이익(손실)	62,568,027,030	91,029,824,734	75,731,189,950

위의 그림은 2017~2019년 비에이치의 손익계산서 일부분이다. 2018년 매출이 전년보다 크게 증가하면서 영업이익도 910억으로 전년보다 153억 증가했으나, 매출이 크게 줄어든 2019년에는 감가상각비 등 고정비 부담으로 영업이익이 625억으로 크게 감소했다.

이 회사는 기업의 경쟁력에서 수년간 유수의 기업들과 베스트 파트너십을 이어 오고 있다고 소개했지만, 창업 이후 오랜 영업활동을 한 기업들은 대부분 안정적인 거래처파트너십를 확보하고 있는 게 정상이다. 안정적인 품질 및 납기 준수 능력을 확보했다는 설명도 꾸준히 매출과 이익이 성장하고 있는 기업이라면 당연히 가지고 있어야 하는 영업 능력이다. 그러므로 기업의 경쟁력 부분을 액면 그대로 받아들여 해당 기업의 주식 매수를 결정하기보다는 같은 산업군의 다른 기업과 내용을 비교하면서 객관적으로 판단하는 참고로만 삼았으면 한다.

기업의 제품별 매출 비중 및 가격 변동 추이

(단위 : 천원)

사업부문	매출유형	구체적용도	주요상표등	매출액	비율
맥주	맥주 외	음용	하이트 외	713,908,466	37.86%
소주	소주 외	음용	참이슬 외	1,039,846,710	55.15%
생수	먹는샘물	음용	석수 외	77,189,611	4.09%
기타	기타주류외	음용	막걸리 외	54,681,322	2.90%
합 계				1,885,626,109	100.00%

(단위 : 원)

품 목			제67기 ('18.01~'18.12)	제66기 ('17.01~'17.12)	제65기 ('16.01~'16.12)
맥주	하이트	내수	22,933.20	22,933.20	22,933.20
		수출	10,139.20	10,139.20	10,139.20
수입맥주	기린 이치방	내수	50,160.0 0	50,160.0 0	50,160.00
		수출	-	-	-
소주	참이슬	내수	30,471.00	30,471.00	30,471.00
		수출	12,522.00	12,522.00	12,522.00
위스키	킹덤	내수	157,938.0 0	157,938.0 0	157,938.00
		수출	46,004.0 0	46,004.0 0	46,004.00
와인	무스까또 다스띠	내수	158,400.0 0	158,400.0 0	158,400.00
		수출	-	-	-

위의 그림은 맥주와 소주 등 주류 생산 및 판매가 주된 영업활동인 하이트진로의 주요 제품별 매출 비중 및 가격 변동 추이를 보여주고 있다. 전체 매출액 중 맥주와 소주의 비중이 95%에 가깝다. 따라서 하이트진로에 투자하려는 주식투자자는 소주와 맥주의 시장점유율 추이와 제품 가격 변동 추이를 자세히 살펴봐야 한다.

지난 3년2016~2018년간 소주와 맥주의 가격 변동은 없었다. 가격 상승이 없었기 때문에 하이트진로의 매출이 늘고 이익이 증가하기 위해서는 점유율 상승이 관건이다. 사업의 내용에서 우리는 회사의 주류별 점유율 추이도 확인할 수 있다.

주요 제품 국내시장 점유율의 추이는 아래와 같습니다.

(단위 : %)

구분		2007년	2008년	2009년	2010.1분기
소 주	하이트진로	50.0	51.4	48.3	50.1
	롯데주류	11.0	11.1	13.1	13.5
	금복주	9.2	8.8	8.9	8.5
	대선	8.2	7.8	7.6	6.7
	무학	7.9	7.8	8.5	9.0
	보해	6.3	5.7	6.2	5.7
	선양	3.3	3.5	3.3	3.2
	보배	1.5	1.3	1.2	1.0
	한라산	1.2	1.2	1.3	1.3
	충북소주	1.4	1.5	1.6	1.0
	합계	100	100	100	100

위의 그림은 하이트진로 사업의 내용에 있는 소주 생산업체별 점유율 추이다. 맥주 생산업체별 점유율 추이도 사업의 내용에서 확인할 수 있다. 이렇게 우리는 사업의 내용에서 기업의 실적 및 재무제표 분석에 필요한 가장 확실하고 다양한 정보를 얻을 수 있다.

참고로 앞쪽의 그림은 2021년 2월 10일 기업이 공시한 하이트진로의 2018년 사업보고서에 있는 사업의 내용이며, 연도는 오타가 발생한 것이고 실제로는 2017년, 2018년, 2019년, 2020년 1분기 소주 업체별 점유율인 것으로 짐작된다.

생산능력 및 공장가동률

제품을 생산하고 있는 대부분의 상장기업은 사업의 내용에 제품생산능력과 공장가동률 현황도 보여주고 있다. 기업의 공장가동률과 관련해서는 필자의 경험상 다음과 같은 내용이 중요하다.

(1) 생산능력

(단위 : 천원)

사 업 부 문	품 목	제34기 연간	제33기 연간	제32기 연간
차체설비부문	차체자동용접LINE	113,400,000	161,282,627	163,514,655
자동차부품부문	차체부품(Door)	18,552,355	19,658,474	19,658,474
	자동차부품(안전벨트 외)	185,325,946	120,654,784	106,625,653
	자동차부품(내장재 외)	28,504,652	36,058,415	-

다. 당해 사업연도의 가동률

(단위 : %)

사 업 부 문	품 목	제34기 연간	제33기 연간	제32기 연간
차체설비부문	차체자동용접LINE	59.29	61.95	79.50
자동차부품부문	자동차부품(Door)	89.22	85.15	86.50
	자동차부품(안전벨트 외)	59.04	94.13	92.44
	자동차부품(내장재 외)	81.04	66.97	-

첫째, 공장가동률 추이를 파악할 때, 기업의 생산능력 변동 추이도 함께 파악해야 한다. 생산설비를 확대했는데, 막상 기업의 공장가동률이 대폭 하락한다면 기업의 생산설비 확대는 잘못 결정한 것일 수 있기 때문이다.

왼쪽 아래 그림은 자동차 차체 및 부품을 생산하는 우신시스템의 사업의 내용에서 찾은 기업 생산능력 및 공장가동률이다. 제34기 안전벨트의 생산능력을 전년보다 50% 가까이 확대했으나, 막상 기업의 안전벨트 공장가동률은 59%로, 전년보다 40% 가까이 크게 감소했다. 즉 생산능력 확대로 인한 매출 증가 효과가 거의 없음을 알 수 있다. 오히려 감가상각비 증가로 기업의 수익성은 악화될 것으로 보인다.

따라서 제34기 기업의 재무제표에서는 매출 정체, 감가상각비 증가, 영업이익 감소가 나타날 것임을 우리는 어렵지 않게 예측할 수 있다.

둘째, 공장가동률은 상승했는데 매출액이 증가하지 않는 경우도 있다. 또는 공장가동률은 변화가 없는데 매출액이 감소하는 경우도 있다. 이는 기업 제품 가격이 가파르게 하락하는 경우일 가능성이 높다.

(2) 주요제품 등의 가격변동 추이

(단위 : 천원/톤)

구 분	제44기	제43기	제42기
기초 유분	833	960	840
모 노 머	944	1,207	1,186
폴 리 머	1,572	1,804	1,654

앞쪽의 그림은 롯데케미칼의 사업의 내용에서 찾은 주요 제품 가격 변동 추이다. 제44기 기업의 주요 제품 가격이 전년보다 크게 하락했음을 알 수 있다. 실제로 공장가동률은 큰 변화가 없었는데 기업의 제44기 매출액은 전년보다 크게 감소했다.

화학, 철강, 조선 등 경기순환 업종의 경우 해당 업종의 경기가 나빠지면 제품 가격도 빠르게 하락하는 경향이 있다. 그러나 일반 제조 업종에 속하는 기업의 제품 가격이 하락하는 경우는 해당 기업이 점점 경쟁력을 잃고 있거나, 기업 간 경쟁이 심화되고 있음을 의미한다.

셋째, 공장가동률은 변화가 없는데 기업의 매출이 줄어드는 경우다. 이는 신규 제품을 출시하면서 수율의 문제가 발생하는 경우일 수 있다. IT 부품을 신규로 생산해서 고객에게 특별히 납품하는 경우 수율의 문제가 빈번하게 발생한다.

수율이란 기업이 생산한 제품 중 고객에게 납품이 가능한 수준의 품질을 생산한 비율이다. 예를 들어 10개의 제품을 생산했는데 5개는 불량이어서 납품할 수 없다면, 수율은 50%이다.

만약 기업의 생산 제품 수율이 떨어지면, 당연히 매출액이 공장가동률보다 줄어든다. 그렇게 되면 결국 매출원가 등 비용 부담으로 이어져 기업의 수익성이 악화될 것이다.

주요 원재료 및 가격 변동 추이

(4) 주요 원재료 등의 현황

(단위 : 백만원)

사업부문	품 목	대상회사	구체적용도	매입액(비율)	비 고
기초유분	나프타	롯데케미칼	제품생산	1,655,164 (32%)	-
		Lotte Chemical Titan Holding Berhad	제품생산	737,517 (78%)	-
	M-X	롯데케미칼	P-X원료	576,867 (11%)	-
	P-X	Lotte Chemical Pakistan Limited	PTA,PET원료	145,630 (73%)	-
	에탄	Lotte Chemical USA Corp.	제품생산	72,968 (85%)	-

(주1) 에탄 매입액은 USA 지분율 (52%)을 반영함

(5) 주요 원재료 등의 가격변동추이

(단위 : US$, 천원/MT)

품 목	대상회사	구분	통화	제45기 3분기	제44기	제43기
나프타	롯데케미칼	국내	US$	428	520	625
		수입		434	532	631
	Lotte Chemical Titan Holding Berhad	국내		-	-	-
		수입		393	523	630
M-X	롯데케미칼(아로마틱원료)	국내	천원	568	805	877
		수입		596	824	908
P-X	Lotte Chemical Pakistan Limited	국내		-	-	-
		수입		740	1061	1181

(주1) 산출기준가 : 2020년 1~9월 평균가격

위의 그림은 종합석유화학회사인 롯데케미칼의 주요 원재료 현황 및 원재료 가격 변동 추이를 보여주고 있다. 전체 원재료 구입 금액 중 나프타와 M-X의 비중이 월등히 높다.

두 원재료의 가격 변동 추이를 살펴보면, 지난 3년간 지속적으로 하락하고 있음을 알 수 있다. 특히 2020년제45기에 원재료 가격 하락이 빠르게 진행되고 있다.

이러한 원재료 가격의 변동은 기업의 수익성에는 긍정적이지만, 앞에서 살펴봤듯이 제품 판매 가격도 크게 하락한다면 기업 실적 개선이 어려워질 가능성이 높다.

따라서 당연한 이야기이지만 주요 원재료 가격 추이는 기업의 제품 판매 가격 변동과 함께 파악해야 한다.

연구인력 현황

필자가 사업의 내용 중에서 개인적으로 가장 주의 깊게 살펴보는 부분이 바로 연구인력 현황이다. 기업의 경쟁력은 결국 연구개발에 얼마나 많은 시간과 노력을 투자했는지가 결정하는 경우가 아주 많았기 때문이다. 특히 경쟁사보다 얼마나 많은 핵심 연구인력을 두고 있는지가 중요하다.

실제 기업의 사례를 비교해보자.

본 보고서 작성기준일 현재 당사는 박사급 15명, 석사급 37명 등 총 65명의 연구 인력을 보유하고 있으며, 당사의 연구개발 인력 보유 현황은 다음과 같습니다.

구분	인원			
	박사	석사	기타	합계
바이오본부	8	9	2	19
분석본부	2	11	4	17
공정개발본부	1	4	0	5
ARC(동물실험)	0	2	1	3
임상개발본부	1	3	2	6
통합치료제본부	3	8	4	15
합계	15	37	13	65

<연구개발 인력 현황>

(단위 : 명)

구분		인원			
		박사	석사	기타	합계
바이오사업	총괄	2	-	-	2
	연구개발/임상	3	3	5	11
	기획/특허법률	-	1	5	6
합계		5	4	10	19

위의 두 그림은 비슷한 시가총액총 상장주식 수 × 주가을 유지하고 있는 신약 개발회사들의 연구인력을 비교한 그림이다.

신약 개발회사의 경쟁력은 당연히 연구개발 능력이고, 이는 핵심 연구인력과 관련이 깊다. 두 회사의 총 연구인력에 비해, 핵심 연구인력은 크게 차이가 나고 있다.

이렇게 우리는 사업의 내용 중 연구인력 현황을 살펴봄으로써, 신약 개발을 하고 있는 기업의 경쟁력도 충분히 파악할 수 있다.

심지어 다음과 같은 연구인력을 가지고 있는 신약 개발회사도 있다.

<연구개발 인력 현황>

(단위 : 명)					
구분		인원			
		박사	석사	학사	합계
	신약개발팀	3	4	2	9

위의 그림은 어느 상장기업의 신약 개발 연구인력 현황이다. 물론 연구개발 인력이 많다고 항상 뛰어난 연구 성과를 내는 것은 아니다. 많은 축구선수를 보유하고 있다고 항상 경기에서 이기는 것이 아닌 것과 마찬가지다. 만일 승리 확률이 축구선수 숫자와 비례한다면, 중국이 항상 월드컵에서 우승을 해야 한다.

그렇지만 기본적인 연구인력을 확보하고 있어야 신약 개발이 가능한 것도 사실이다.

이렇게 자세히 살펴봤듯이 사업의 내용은 기업에 대한 다양하고 상세한 정보를 제공해준다. 무엇보다 주식투자자의 기업 분석 능력을 키워주는 가장 확실한 방법이며, 기업의 재무제표를 예측하고 분석하는 데 큰 도움을 주는 필수적인 항목이라 할 수 있다.

기업의 재무제표 분석 노하우

❶

기업의 재무제표를 예측하라!

❷

재무제표 계정과목 간

유기적 관계를 이해하라!

❸

큰 숫자를 중심으로

재무제표를 분석하라!

PART 2

사례로 읽는
현실의 재무제표
이해하기

주식투자자에게 필요한 재무제표 이해하기

주식투자자들이 재무제표를 분석하는 목적은 주식투자를 할 때 도움을 받기 위해서이다. 따라서 재무제표에 있는 모든 계정과목을 완벽하게 이해할 필요는 없다. 오히려 모든 재무제표 계정과목을 완벽하게 이해하려고 노력하다가 정작 중요한 부분을 놓칠 수 있다. 그러므로 주식투자자들은 주식투자에 도움이 되는 필수적인 부분만 빠르고 정확하게 분석하면 된다.

주식투자자들이 재무제표를 30분 안에 분석하기 위해서는 다음의 내용을 이해하는 것만으로도 충분하다.

재무상태표는 정보가 제공된 특정일 현재, 기업이 영업활동 전반에

:: 재무상태표 ::

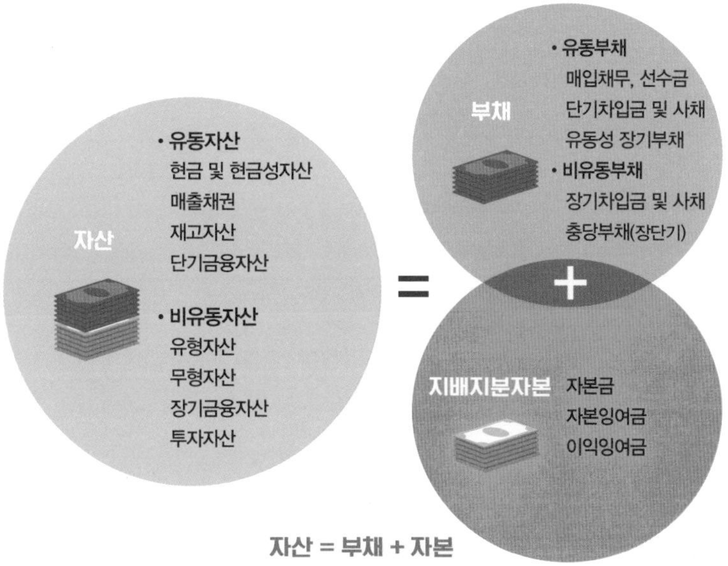

필요한 자금을 조달한 내역과 그 조달한 자금으로 영업에 필요한 자산을 구성한 내역을 일목요연하게 나타내주는 재무제표다. 재무상태표에서는 위에 있는 계정과목만 이해하면 된다.

재무상태표를 통해 주주가 출자한 금액자본금, 자본잉여금과 외부에서 조달한 금액차입금 및 사채에 대한 정보를 알 수 있다. 이행해야 할 경제적 의무가 생긴 부채매입채무, 선수금 등 및 창업 이후 이익을 얼마나 냈는지이익잉여금에 대해서도 파악할 수 있다.

또한 부채와 자본을 통해 조달한 자금으로 기업의 경제적 자원인 자산을 어디에 얼마나 사용하면서 영업활동을 하고 있는지도 상세히 알

:: 손익계산서 ::

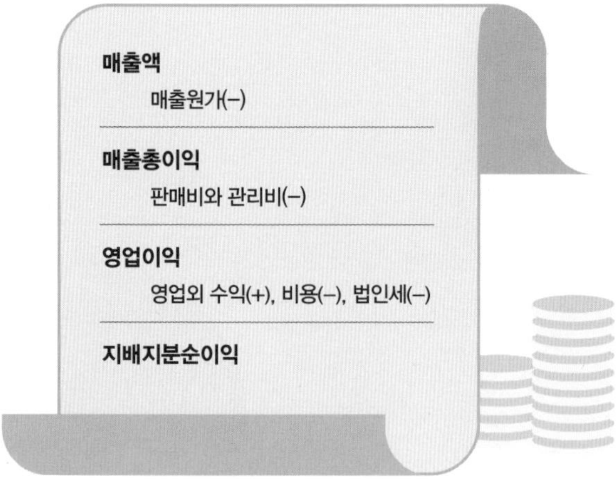

수 있다.

손익계산서는 일정 기간 동안 발생한 수익과 비용을 기록하여 기업이 해당 기간에 얼마만큼의 이익 또는 손실을 냈는지, 전반적인 영업 성과를 보여주는 재무제표다.

손익계산서는 회계 기간이 종료되면 지배지분순이익만 재무상태표 이익잉여금 계정에 쌓이고, 나머지 계정과목들은 소멸된다.

:: 현금흐름표 ::

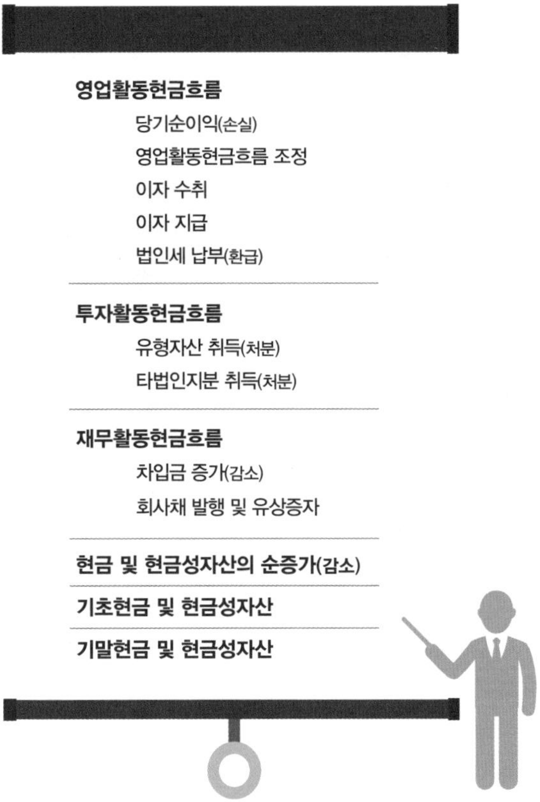

현금흐름표는 발생주의 회계 원칙에 따라 작성된 기업의 회계상 당기순이익과 실제 기업에 유입된 현금의 차이에 대한 정보를 제공해주는 재무제표다. 주식투자자는 특별히 영업활동현금흐름과 당기순이익이 어느 부분에서 얼마나 차이가 나는지 중점적으로 파악해야 한다. 조정과 영업활동으로 인한 자산/부채의 변동은 그 차이에 대한 자세한 정보를 제공해준다.

:: 재무제표 주석 ::

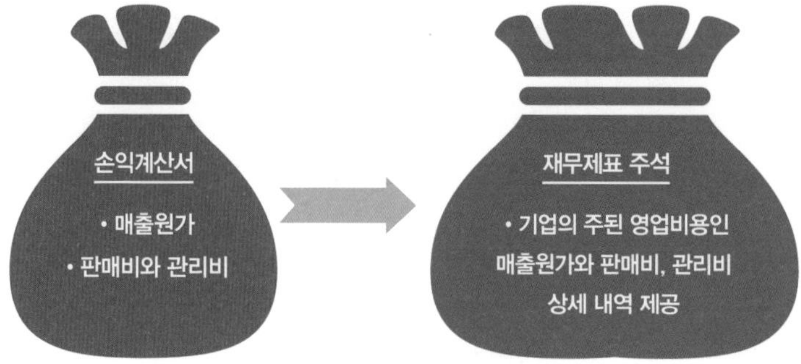

재무제표 주석은 재무상태표, 손익계산서, 현금흐름표의 각 계정과목에 나타난 수치를 좀 더 구체적으로 설명하는 부분이다. 필자는 재무제표 주석이 다른 재무제표들보다 훨씬 더 중요한 정보라고 생각한다.

예를 들어 재무제표 손익계산서에는 매출원가와 판매비와 관리비 총액만 표시되고, 구체적인 비용 내역은 파악이 불가능하다. 그렇기 때문에 우리는 재무제표 주석을 통해 매출원가 및 판매비와 관리비에 대한 상세한 정보를 얻어야 한다. 만약 판매비와 관리비가 전 분기 대비 혹은 전년 동기 대비 크게 증가했다면, 어느 부분이 얼마만큼 증가했는지 알아야 수치 변화의 정확한 원인을 파악할 수 있을 것이다.

따라서 **재무제표 주석을 분석하지 않는 것은 재무제표를 전혀 분석하지 않은 것과 다를 바 없다.** 재무제표 주석은 수학 문제집의 정답 해설집과 비슷한 역할을 한다. 정답 해설집을 통해 문제를 제대로 풀었는지, 그 풀이 과정과 정답 확인을 생략한다면 수학 공부를 안 한 것이나 다를 바 없기 때문이다.

손익계산서 분석

상장기업의 재무제표는 전자공시시스템에서 확인하자

기업의 실적과 관련된 재무제표는 금융감독원에서 제공하고 있는 전자공시시스템DART에서 가장 빠르고 정확하게 확인할 수 있다. 필자는 분석하고자 하는 기업의 재무제표를 항상 DART에서 확인하고 있다. 개인적으로 DART 앱을 휴대폰에 다운로드해서 필요할 때마다 언제 어디서든 수시로 기업 재무제표 및 사업의 내용을 들여다본다.

전자공시시스템에서 볼 수 있는 기업의 재무제표는 재무상태표, 손익계산서, 자본 변동표, 현금흐름표 순서다. 주식투자자들에게 자본 변동표는 재무상태표 자본 계정에 대한 이해로 충분하기에 분석 대상에서 제외시켰다.

현재 시중에 출간되어 있는 많은 회계 서적들도 재무상태표, 손익계산서, 현금흐름표 순서로 설명하고 있다. 기업이 현재 보유하고 있는 자산과 자산 구성을 위해 필요한 자금을 조달한 상세 내역인 부채 그리고 자본 계정을 먼저 파악해야 한다는 주장이다.

그러나 **주식투자자들은 손익계산서, 재무상태표, 현금흐름표 순서로 기업 재무제표를 분석하는 것이 훨씬 효과적이다.** 기업이 자산을 구성하는 이유는 영업활동을 통해 최종적으로 매출과 이익을 내기 위해서이다. 따라서 기업의 실적과 관련된 매출액, 영업이익, 지배지분순이익을 먼저 확인해야 한다. 그리고 난 후에 기업 경영 성과와 비교해서 자산 구성에 문제가 없는지 확인하는 작업이 훨씬 효율적이다.

특히 주식투자자들은 소위 말하는 어닝시즌earning season : 기업의 분기, 반기, 결산 실적이 발표되는 시기이면 자신이 투자한 기업의 매출, 영업이익, 지배지분순이익 등 실적이 어떻게 발표가 되는지에 관심을 집중하게 된다. 주가는 바로 기업 실적의 영향을 직접적으로 받기 때문에 당연한 현상이다.

기업의 실적이 발표되었을 때, 자신이 투자한 기업의 매출채권은 얼마인지, 재고자산과 유형자산의 규모를 우선적으로 파악하는 투자자는 없다.

매출이 급격하게 증가하면서 기업이 겪게 되는 어려움

매출액 : 종목 선정의 대표 기준

필자는 20년 이상 현업에서 근무하면서 평소 **'기업의 주가는 성장 및 수익성의 함수'**라고 주변 주식투자자들에게 조언해주고 있다.

주가 = F(성장성, 수익성)

일부 전문가들은 기업이 보유하고 있는 자산을 분석해 기업의 가치를 평가하고 있다. 주당자산가치BPS : Book value Per Share, 주가순자산비율PBR : Price Book value Ratio 등이 자산에 중점을 둔 기업의 가치를 평가하는 대표적인 방법이다.

그러나 많은 자산을 가지는 것이 기업의 영업활동 목표는 절대 아니다. 끊임없이 투자를 하고, 그 결과 더 많은 이익을 내는 것이 기업의 존재 이유다. 따라서 필자는 기업이 향후 벌어들일 이익을 바탕으로 기업의 가치를 평가하는 방법을 훨씬 더 선호하고 있으며, 더 많은 이익을 내기 위해서는 성장과 수익성이 뒷받침되어야 한다고 생각한다.

기업의 성장은 결국 매출의 증가다. 주식투자자들이 투자 기업을 선정하는 데 있어 가장 우선순위에 놓고 파악해야 하는 것이, 바로 기업의 매출이 전 분기 대비 또는 전년 동기 대비 증가하고 있는지 여부다.

매출이 증가하지 못하는 기업은 투자 대상 종목에서 제외시켜야 한다. 기업은 영업 상황이 악화되어 매출이 감소하면 이익을 방어하기 위해 가장 먼저 기업의 비용을 통제하기 시작한다. 일회용 소모품종이컵, 프린트 용지 등의 사용을 줄이고, 직원에 대한 복지교통비, 의료비 지원, 명절 귀성비 지급 등를 축소하기 시작한다.

그럼에도 매출이 지속적으로 감소하면 이제 기업이 이익을 낼 수 있는 방법은 점점 한계에 다다른다. 따라서 기업이 더 많은 이익을 내기 위해서는 일단 매출이 증가해야 한다. 매출이 증가해야 기업이 안정적으로 이익을 증가시킬 수 있는 여지가 생긴다. **기업이 많은 이익을 내고 주가가 상승하기 위한 근본은 바로 매출의 증가라는 사실을 꼭 기억하자.**

연결 포괄손익계산서

제 21 기 3분기 2020.01.01 부터 2020.09.30 까지

제 20 기 3분기 2019.01.01 부터 2019.09.30 까지

(단위 : 원)

	제 21 기 3분기		제 20 기 3분기	
	3개월	누적	3개월	누적
매출액 (주2,5)	326,875,367,339	683,477,972,944	31,398,320,963	88,177,620,021
매출원가 (주28)	72,835,871,236	161,875,476,908	9,795,907,789	27,020,804,427
매출총이익	254,039,496,103	521,602,496,036	21,602,413,174	61,156,815,594
판매비 (주27,28)	7,582,259,576	17,132,060,861	897,540,634	2,542,752,011
관리비 (주27,28)	29,624,532,916	70,360,633,343	11,435,809,739	34,187,478,753
연구개발비 (주28)	6,889,858,806	15,431,828,937	2,425,103,161	7,131,247,950
영업이익	209,942,844,805	418,677,972,895	6,843,959,640	17,295,336,880
금융수익 (주29)	4,782,886,596	12,347,581,641	1,277,147,886	3,819,357,973
금융비용 (주29)	8,575,154,941	16,659,831,909	453,546,203	1,566,029,184
기타영업외수익 (주30)	467,963,109	1,472,905,725	180,753,218	2,971,179,203
기타영업외비용 (주30)	85,322,693	2,080,394,673	74,304,114	180,402,090
지분법손익 (주11)	961,493,754	12,166,302,547	(25,769,382)	156,280,090
법인세비용차감전순이익	207,494,710,630	425,924,536,226	7,748,241,045	22,495,722,872
법인세비용 (주26)	54,996,366,173	108,113,749,554	1,851,835,544	1,452,076,195
계속영업이익(손실)	152,498,344,457	317,810,786,672	5,896,405,501	21,043,646,677
당기순이익	152,498,344,457	317,810,786,672	5,896,405,501	21,043,646,677

매출 증가는 주가 상승의 핵심 원동력

앞쪽의 그림은 2020년 코로나 진단 키트 수출로 많은 돈을 벌었던 씨젠 종목의 손익계산서 일부다. 기업의 영업이익은 2020년 3분기까지 전년 동기 172억에서 4,186억으로 무려 20배 이상 급증했다. 이에 따라 주가도 급등했다.

실적이 괄목할 만큼 성장하면서 씨젠은 2020년 주식시장에서 가장 주목받는 종목 중 하나로 떠올랐다.

씨젠의 영업이익이 급증할 수 있었던 이유는 바로 코로나 진단 키트의 수출 증가와 그에 따른 매출의 급증이었다. 기업의 매출은 2019년 3분기까지 881억에서 2020년 3분기까지 6,834억으로 무려 8배 가까이 증가했다. 매출의 증가가 없었다면 당연히 영업이익과 순이익이 급증하는 일도 없었을 것이다.

아래의 그림은 씨젠의 주가 차트다. 매출 증가와 그에 따른 이익 급증

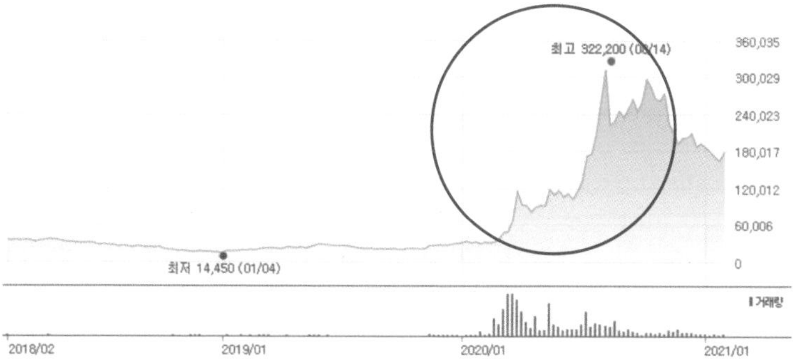

으로, 2020년 주가가 무려 20배 이상 급등했다. 이러한 주가 상승의 배경이 바로 매출액의 증가였다.

매출액 관련 우량기업의 기준

그렇다면 과연 매출이 어느 정도 성장하는 기업이 훌륭한 기업일까?

필자는 연평균 10% 내외의 매출액 성장률을 꾸준히 기록하는 회사라면 아주 뛰어난 기업이라고 판단하고 있다.

코로나라는 변수가 발생했던 2020년을 제외하고, 대한민국 경제의 연간성장률은 평균 3% 내외다. 따라서 3% 정도의 매출 성장을 하는 기업은 대한민국 평균 정도의 성장을 하는 기업이라고 할 수 있다. 10% 정도의 매출 성장을 하는 기업이라면 15% 이상의 영업이익 성장은 어렵지 않게 달성할 수 있다.

매출액이 증가하면 일반적으로 기업의 비용도 증가한다. 그러나 인건비, 감가상각비 등 고정비는 크게 변화가 없기 때문에 비용의 증가는 상대적으로 적다. 위에서 예를 든 씨젠 역시 매출 증가에 비해 영업이익 증가율이 훨씬 가팔랐다.

따라서 영업이익은 매출액 증가 이상의 성장을 기록하는 것이 일반적이다. 하지만 매출액의 증가가 모든 부분에 있어 기업의 재무제표에 긍정적인 것만은 아니다.

필자는 매출이 급격하게 증가하는 기업의 경우, 부족한 운전자금을 어떻게 조달했는지 우선적으로 살펴본다.

연결 재무상태표

제 21 기 3분기말 2020.09.30 현재

제 20 기말 2019.12.31 현재

(단위 : 원)

	제 21 기 3분기말	제 20 기말
자산		
유동자산	565,828,181,786	138,502,069,379
현금및현금성자산 (주2,3,6)	199,862,340,881	49,088,991,128
당기손익-공정가치 측정 지정 금융자산 (주2,3,7)	6,238,374,704	12,069,791,260
매출채권 및 기타채권 (주2,3,8)	245,300,582,816	52,176,264,683
단기금융상품 (주2,3,7)	3,298,749,915	4,931,064,402
기타유동자산 (주9)	4,696,537,966	1,563,482,232
당기법인세자산	12,152,470,245	
재고자산 (주2,10)	94,279,125,259	18,672,475,674

위의 그림은 씨젠의 연결재무상태표 유동자산 부분이다. 현금 및 현금성자산은 2019년 말 490억에서 2020년 3분기 말 현재 1,998억으로 크게 증가했다. 기업의 매출채권을 보면 2019년 말 521억에서 2020년 3분기 말 현재 2,453억으로 4배 넘게 급증했다.

해외로 수출이 증가하면서 외상으로 코로나 진단 키트를 판매한 금액 역시 크게 증가한 것이다. 재고자산 역시 2019년 말 186억에서 942억으로 5배 증가했다. 쏟아지는 해외 주문 증가에 대비해서 제품 생산을 늘린 자연스러운 결과였다.

일부 주식투자자들은 기업의 순이익이 급증했기 때문에 현금 및 현금성자산도 크게 증가하는 것이 당연하다고 판단할 수 있다. 그러나 실제로는 매출채권과 재고자산 역시 급증하기 때문에 씨젠에서 필요한 운전자금도 크게 부족하게 되었다. 순이익에서 발생하는 현금만으로는 부족한 운전자금 전부를 충당할 수 없게 되자, 씨젠은 외부차입으로 영업활동에 부족한 현금을 마련했다.

부채		
유동부채	271,687,715,311	28,201,858,974
매입채무 및 기타유동채무 (주2,3,15)	99,585,053,357	14,312,239,738
단기차입금 (주2,3,19,34)	40,925,811,385	5,617,517,981
유동성장기차입금 (주2,3,19,34)	803,375,104	798,125,992
기타유동부채 (주16)	3,047,038,625	450,347,304
환불부채 (주2,5,17)	12,342,139,827	2,478,220,893
리스부채 (주3,21)	5,821,818,553	2,408,663,918
당기법인세부채 (주2)	108,244,061,984	1,969,120,618
유동충당부채	34,115,676	
복구충당부채 (주2,18)	634,300,800	167,622,530
기타유동금융부채 (주22)	250,000,000	
비유동부채	66,922,114,821	14,688,028,743
장기차입금 (주2,3,19,32,34)	41,287,628,653	1,720,581,729
순확정급여부채 (주2,20)	9,712,589,368	7,444,795,033
리스부채 (주21)	9,542,110,570	4,546,852,191
기타금융부채 (주2,3,22)	4,210,000,000	1,753,776
기타비유동충당부채 (주2,23)	377,232,668	328,659,778
복구충당부채 (주2,18)	1,473,032,486	645,386,236
이연법인세부채 (주2)	319,521,076	0
부채총계	338,609,830,132	42,889,887,717

위의 그림은 씨젠의 부채 계정을 보여주고 있다. 단기차입금 및 장기차입금 모두 2019년 말 대비 400억 가까이 증가하면서 총 차입금은 800억 가까이 증가했다. 씨젠의 매출과 이익이 증가하면서 매출채권과 재고자산도 동시에 급증했으며, 기업은 부족한 운전자금을 외부차입

을 통해 일부 해결했다. 2020년 3분기 말 현금 및 현금성자산의 증가는 순이익의 증가와 동시에 차입금의 증가로 늘어난 것이다.

씨젠의 경우 다른 기업과 비교했을 때 운전자금 상황이 훨씬 양호한 상태였다. 워낙 이익순이익률 50%을 많이 냈기 때문에 필요 현금의 상당 부분을 순이익에서 충당할 수 있었다. 만일 씨젠의 순이익율이 20%대였다면, 씨젠은 훨씬 더 많은 현금을 차입했어야 했을 것이다.

재무상태표가 아닌 현금흐름표를 통해서도 이러한 어려움을 얼마든지 확인할 수 있다는 점을 다른 기업의 사례를 통해 살펴보자. 같은 내용을 다른 방법으로도 분석할 수 있다는 것을 보여주고자 하는 의도다.

현금흐름표

제 26 기 3분기 2020.01.01 부터 2020.09.30 까지

제 25 기 3분기 2019.01.01 부터 2019.09.30 까지

(단위 : 원)

	제 26 기 3분기	제 25 기 3분기
영업활동현금흐름	(204,150,733)	(613,075,266)
당기순이익(손실)	5,269,450,371	3,456,923,640
당기순이익조정을 위한 가감 (주33)	2,790,128,433	2,594,009,524
영업활동으로인한자산·부채의변동 (주33)	(8,305,734,020)	(6,563,292,948)
이자수취(영업)	45,409,617	74,913,574
이자지급(영업)	(10,956,954)	(177,094,201)
배당금수취(영업)	0	4,824,455
법인세납부(환급)	7,551,820	(3,359,310)

위의 그림은 IT 관련 자동외관 검사장비를 생산하고 있는 인텍플러스의 현금흐름표 일부다. 이 기업은 2019년 3분기 및 2020년 3분기까

지 각각 34억, 52억의 당기순이익에도 불구하고 전체 영업활동현금흐름은 마이너스 6억과 마이너스 2억을 기록했다.

주된 이유는 영업활동으로 인한 자산/부채의 변동이 각각 마이너스 65억과 마이너스 83억을 기록하면서 전체 영업활동현금흐름이 마이너스가 되는 데 큰 영향을 미쳤기 때문이다. 좀 더 자세한 원인을 파악하기 위해서 현금흐름표 주석을 살펴봤다.

(2) 당분기 및 전분기의 영업활동 중 영업활동현금흐름으로 인한 자산 · 부채의 변동 내역은 다음과 같습니다.

		(단위 : 천원)
구분	당분기	전분기
매출채권의 감소(증가)	(4,711,643)	(4,891,808)
미수금의 감소(증가)	(46,088)	29,932
기타유동자산의 감소(증가)	22,274	(127,433)
통화선도자산의 감소(증가)	56,592	7,230
재고자산의 감소(증가)	(2,417,539)	(1,021,092)
매입채무의 증가(감소)	734,207	(363,525)
미지급금의 증가(감소)	418,854	278,145
미지급비용의 증가(감소)	(113,514)	(23,470)
임대보증금의 증가(감소)	-	(1,000)
선수금의 증가(감소)	(808,875)	149,753
예수금의 증가(감소)	5,722	(1,006)
판매보증충당부채의 증가(감소)	(434,389)	(163,989)
통화선도부채의 증가(감소)	(5,835)	(3,271)
퇴직금의 지급	-	(17,502)
장기종업원급여채무의 증가(감소)	(5,500)	(9,000)
퇴직연금운용자산의 감소(증가)	(1,000,000)	(400,000)
선수수익의 증가(감소)	-	(5,257)
합 계	(8,305,734)	(6,563,293)

앞쪽의 그림은 인텍플러스 현금흐름표 주석에서 찾은 영업활동으로 인한 자산부채의 변동 내역이다. 매출채권과 재고자산이 2년 연속 크게 증가하면서, 결과적으로 전체 영업활동현금흐름이 마이너스를 기록하게 된 것을 확인할 수 있다.

영업활동현금흐름에서 현금을 창출하지 못하자, 기업은 외부차입으로 부족한 현금을 일부 충당했다.

재무활동현금흐름	1,500,874,396	1,681,922,548
단기차입금의 증가	5,500,000,000	3,710,000,000
주식선택권행사로 인한 현금유입	396,550,000	0
비지배분의 증가	0	0
단기차입금의 상환	(4,000,000,000)	(1,210,000,000)
유동성장기차입금의 상환	(315,000,000)	(765,000,000)
신주발행비 지급	(1,117,000)	(272,240)
금융리스부채의 지급	(79,558,604)	(52,805,212)

위의 그림에서 볼 수 있듯이 인텍플러스는 2019년, 2020년 각각 25억, 15억을 외부에서 추가 차입했다.

이렇게 2년 연속 매출채권과 재고자산이 증가하게 된 이유는 바로 급격한 매출의 증가였다.

주요재무정보	최근 연간 실적				최근 분기 실적					
	2017.12	2018.12	2019.12	2020.12 (E)	2019.09	2019.12	2020.03	2020.06	2020.09	2020.12 (E)
	IFRS 연결	IFRS 연결	IFRS 연결	IFRS 연결	IFRS 연결	IFRS 연결	IFRS 연결	IFRS 연결	IFRS 별도	IFRS 별도
매출액(억원)	243	161	405	582	60	128	129	111	137	194
영업이익(억원)	-	-83	47	95	-4	19	13	13	24	40
당기순이익(억원)	-3	-65	54	100	-2	20	15	16	20	31

위의 그림은 인텍플러스 기업의 실적과 관련된 내용이다. 2018년 161억이었던 회사의 매출액은 2019년과 2020년 각각 405억, 582억전망치에 이를 정도로 큰 폭의 성장을 이뤘다.

장비를 생산하는 회사의 영업 특성상 매출채권과 재고자산의 증가는 필연적이었다.

물론 매출의 증가와 그에 따른 이익의 증가는 당연히 환영해야 할 일이다. 하지만 대부분의 기업들은 매출이 갑자기 크게 증가하면 매출채권과 재고자산도 동시에 크게 증가한다.

주식투자자들은 단순히 기업의 실적이 크게 개선되었다는 사실에만 집중해서는 안 된다. 기업이 증가한 매출채권을 제대로 회수하는지, 재고자산 역시 적정 수준으로 유지하는지 계속 살펴봐야 한다는 사실을 반드시 기억해야 한다.

:: 매출액과 다른 계정과목들과의 상관관계 ::

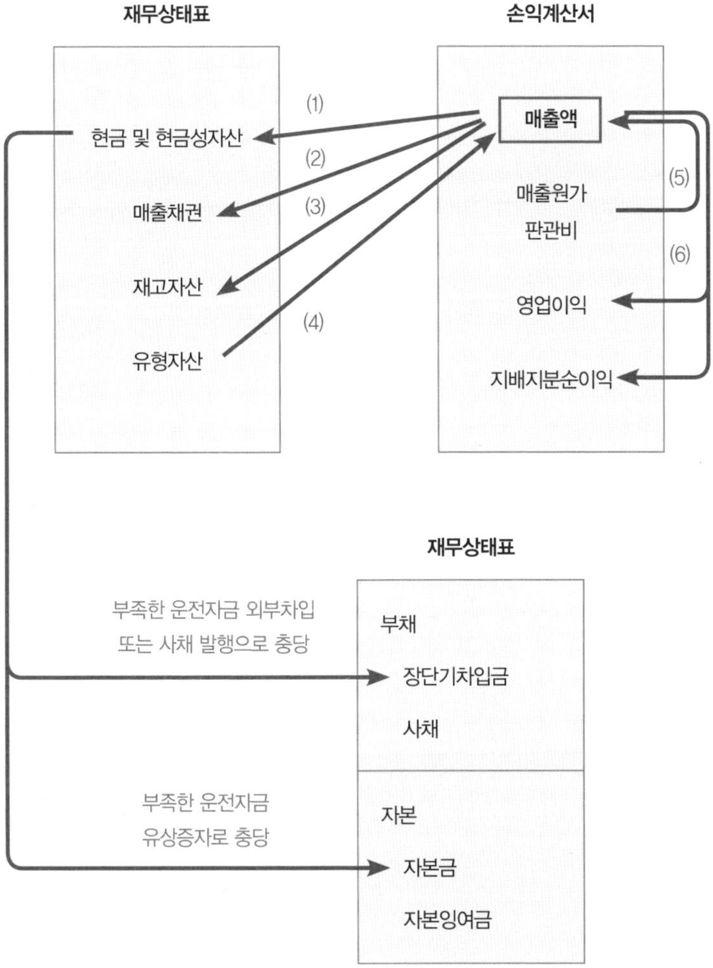

(1) **현금 및 현금성자산 :** 기업의 매출이 급증하면, 매출채권과 재고자산도 동시에 급증하게 되어 현금 및 현금성자산은 오히려 감소하는 경우가 더 많다. 그리고 기업은 부족한 운전자금을 외부차입이나 전환사채, 신주인수권부사채 발행, 유상증자 등을 통해 해결하게 된다.

(2) **매출채권 :** 매출채권은 기업이 생산한 제품을 외상으로 판매한 금액을 말한다. 기업 간 거래는 신용거래가 기본이기 때문에 매출액이 증가하면 매출채권도 증가하는 경향이 많다. 매출채권의 증가는 운전자금의 부족을 초래한다.

(3) **재고자산 :** 기업의 매출액이 증가하면 재고자산 역시 증가한다. 동일한 제품을 10개 판매하는 회사와 100개 판매하는 회사의 재고자산이 같을 수 없다. 재고자산의 증가 역시 운전자금의 부족을 초래한다.

(4) **유형자산 :** 기업은 유형자산, 특히 생산설비를 이용해서 제품을 생산한다. 유형자산이야말로 기업 매출의 원천이다. 유형자산이 증가할수록 기업의 매출도 증가해야 정상적인 영업활동을 하고 있는 기업이라 할 수 있다. 생산설비의 증가에도 불구하고 기업의 매출이 증가하지 못한다면, 이는 실패한 설비투자라 할 수 있다. 유형자산의 증가는 감가상각비라는 비용의 증가로 이어지기 때문이다. 유형자산의 증가는 보통 매출액의 증가로 이어진다.

(5) **매출원가와 판관비 :** 기업의 매출이 증가하면 기업의 주된 비용인 매출원가(원재료 및 생산직 직원 급여 등)와 판관비(제품 판매활동 및 회사관리 비용)도 증가하게 된다. 매출원가와 판관비 중 어느 부분이 더 많이 증가했는지 구체적인 내용을 재무제표 주석에서 확인해야 한다.

(6) **영업이익, 지배지분순이익 :** 기업의 매출이 증가하면 일반적으로 기업의 영업이익과 순이익도 증가하게 된다. 매출액이 증가하지 않는 상황에서 비용 통제를 통해 영업이익과 순이익이 증가하는 경우 조만간 한계 상황에 다다를 확률이 높다.

주식투자자에게 가장 중요한 영업이익

영업이익, 주가의 방향을 결정한다

기업의 실적이 발표되면 그 주된 내용은 매출액, 영업이익, 지배지분당기순이익에 대한 정보가 대부분이다. 그렇다면 이 3가지 중에서 주식투자자에게 가장 중요한 것은 무엇일까?

기업 영업활동의 최종 결과물이며 PER 계산에 사용되는 지배지분당기순이익이 가장 중요하다고 주장하는 전문가들도 있지만, **주식투자자에게 가장 중요한 것은 바로 영업이익이다.**

그 이유는 바로 기업의 주가는 영업이익의 영향을 가장 많이 받기 때문이다.

기업이 제품을 생산해서 매출을 일으키고, 제품생산과 판매 과정에서 회사 비용매출원가, 판매비와 관리비을 얼마나 효율적으로 통제했는지를 보여주는 영업이익이야말로 기업의 주된 영업활동에 의해 발생된 이익을 대표한다. 그렇기 때문에 주식시장도 기업의 영업이익이 어떻게 나왔는지에 가장 민감하게 반응하는 것이다.

따라서 **영업이익은 주식투자자에게 있어 단기적으로는 물론 장기적으로도 가장 중요한 계정과목이다.**

영업이익은 기업의 존재 의미이자 기본 중의 기본

영업이익이 가장 중요하다는 필자의 주장에 기업이 영업이익을 내는 일은 쉽지 않을 것이라고 오해하는 주식투자자가 있을 수 있다. 주식투자자에게는 영업이익이 가장 중요하지만 기업이 영업이익을 내는 일은 그리 대단한 일이 아니다.

기업이 가용자산을 이용해서 영업활동을 하면, 영업이익을 내는 것이 당연하다.

식당을 예로 들어서 설명하면 음식을 판매한 대금에서 주방장과 홀서빙 일을 하는 종업원의 급여, 원재료 비용, 임대료, 전기료 및 수도요금 등 기타 비용을 지불하고 남는 것이 바로 영업이익이다. 이처럼 식당을 운영한다면 당연히 돈을 남겨야 한다. 따라서 기업이 영업이익을 내는 일은 기본 중의 기본인 것이다.

(단위 : 원)

	제 14 기	제 13 기	제 12 기
매출액	43,391,257,005	52,577,681,062	31,989,693,181
매출원가	43,283,320,701	53,484,519,431	31,055,952,589
매출총이익	107,936,304	(906,838,369)	933,740,592
판매비와관리비	9,115,248,523	10,713,307,786	9,737,901,825
영업이익(손실)	(9,007,312,219)	(11,620,146,155)	(8,804,161,233)
기타영업외수익	1,344,568,570	559,538,863	1,254,530,977
기타영업외비용	1,409,189,711	12,434,162,275	3,318,456,110
금융이익	2,091,537,278	2,078,916,865	339,733,473
금융원가	3,966,783,540	5,609,019,576	4,005,924,366
관계기업투자손익	5,169,644,120	(567,110,530)	(3,760,564,619)
법인세비용차감전순이익(손실)	(5,777,535,502)	(27,591,982,808)	(18,294,841,878)
법인세비용	25,245,831	1,163,109,313	260,225,206
당기순이익(손실)	(5,752,289,671)	(28,755,092,121)	(18,555,067,084)

위의 그림은 어느 상장기업의 3년간의 손익계산서다. 기업 실적을 살펴보면, 매출원가는 매출액과 비슷하며 판매비와 관리비를 추가하면 매년 100억 내외의 영업이익 적자를 기록하고 있음을 알 수 있다. 그리고 금융 비용금융 원가로 기록되어 있음과 법인세 비용을 추가하면 당기순손실은 더 늘어난다. 사실 우리는 이런 실적을 내는 부실 상장기업을 쉽게 찾아볼 수 있다.

대부분의 주식투자자들은 위에서 예를 든 기업의 실적을 보고 그저 실적이 부진하다고만 생각할 뿐, 현재 이 기업이 얼마나 힘든 상황인지 피부로 느끼지는 못할 것이다. 위의 기업이 얼마나 심각한 경영난을 겪고 있는지 다시 식당을 예로 들어 설명해보자.

돈가스 전문 식당이 있다고 가정해보자. 등심돈가스의 판매 금액은 1만 원매출액이다. 그런데 원재료 비용돼지고기, 소스, 튀김용 기름 등과 주방장 인건비가 이미 1만 원매출원가인 상태다. 여기에 임대료, 홀서빙 직원의 급여, 수도세, 전기세 등 기타 비용판매비와 관리비을 지불하자 적자영업손실가 크게 늘어났다.

마지막으로 각종 세금과 은행대출 이자를 내자 적자당기순손실가 눈덩이처럼 불어났다. 즉 등심돈가스 하나를 만들어 1만 원에 팔 때마다, 손실이 거의 5,000원에 달하는 상황이 된 것이다. 돈가스를 팔면 팔수록 손실이 눈덩이처럼 불어나는 그런 상태가 하루 이틀도 아니고 무려 3년간 지속되는 상황이다. 그런 식당이 과연 얼마나 버틸 수 있을까?

문제는 이런 부실 상장기업은 생각보다 쉽게 망하지 않아서, 주식투자자들에게 더 큰 손실만 입힌다는 사실이다.

필자는 10년 이상 수많은 기업을 탐방했다. 위와 같이 적자를 심하게 내는 기업은 당연히 필자의 탐방 대상 리스트에 속하지 않았다. 하지만 필자는 주변 지인이나 동료의 요청으로 위와 같은 손실을 내는 부실기업도 몇 번 탐방을 한 경험이 있다.

이런 기업들은 한 가지 공통점이 있다. 만성적인 실적 부진으로 부족한 운전자금을 마련하고자 유상증자나 외부차입을 시도하면서, 뭔가 그럴듯한 뉴스를 만들어서 주식시장의 관심을 끌려고 애쓰는 경우다. 그런 뉴스가 나올 때마다 주변 지인이나 동료들로부터 그럴듯해 보이는 호재성 뉴스가 사실인지 파악해달라는 요청을 해서 탐방을 가곤 했다. 이런 기업의 회사 분위기는 어떨 것 같은가?

대부분의 투자자들은 이런 회사의 직원들은 일을 하려는 의욕이 거의 없을 것이기 때문에 직원들끼리 커피를 마시거나 잡담을 하면서 하루 일과를 보낼 것이라 생각한다. 그런데 꼭 그런 분위기는 아니다. 그렇다면 직원들이 의욕에 넘쳐서 열심히 일을 하고 있을까?

당연히 그것도 아니다. 정답은 바로 일을 하고자 하는 의욕이 전혀 없는 직원조차 없다는 사실이다. 우리는 드라마에서 주인공이 사기를 당한 사실을 뒤늦게 알게 되어 부랴부랴 해당 회사의 사무실을 찾아가는 장면을 종종 보곤 한다. 주인공이 사무실에 도착하면 이미 수많은 피해자들이 몰려와 아우성을 치고 있다. 사무실 책상 위에는 서류들만 어지럽게 널려 있고, 직원들은 이미 자취를 감춘 지 오래다.

만성적인 실적 부진에 시달리는 기업들의 사무실이 바로 이런 드라마 장면과 같다. 직원들은 거의 없고, 주식IR 담당자만 자리에 앉아서 기업 탐방을 온 필자를 반갑게 맞아주는 경우가 많았다. 부실기업 입장에서는 인건비 절감을 위해 직원을 최대한 줄여야 하지만, 어떻게든 주식시장의 관심을 끌기 위해 열심히 홍보활동을 해야 하기 때문에 주식IR 담당자는 필수인력이라 할 수 있다. 이런 기업들은 결국 상장폐지되거나 관리종목에 편입된다.

우리는 보유하고 있는 종목이 상장폐지되거나 관리종목에 편입될지 여부를 걱정하는 주식투자자를 주변에서 어렵지 않게 볼 수 있다. 실제로 매년 적지 않은 기업들이 관리종목에 편입되거나, 상장폐지가 된다. 그런 기업들의 리스트를 들여다보면, 회사 이름을 한 번도 들어보지 못한 경우가 대부분이다.

만성적 영업 적자인 기업들이기 때문에 처음부터 투자 대상 종목이 아니며, 그런 기업들의 특징은 수시로 대주주가 변경되고 회사명도 바

꿔는 경우가 많다. 여러분이 돈가스 하나를 1만 원에 팔 때마다 5,000원이 손해인 식당의 주인이라고 가정해보라. 하루라도 빨리 식당을 처분해서 지긋지긋한 적자에서 벗어나고 싶을 것이다.

이제부터라도 2~3년 연속 영업 적자를 기록하는 기업은 아예 투자 대상 종목에서 제외하자.

최소한 재무제표 손익계산서에 나와 있는 영업이익 부분만이라도 체크한다면, 보유하고 있는 종목이 어느 날 갑자기 거래정지가 되는 어처구니 없는 상황은 피할 수 있다. 이런 부실기업은 요행으로 상장폐지는 면하더라도 주가가 오르는 일은 거의 없다. 상식적인 수준에서 판단하면 된다. 1만 원짜리 음식을 팔 때마다 5,000원이 손해인 식당의 주가가 과연 오르겠는가?

우리는 상장폐지나 관리종목 지정을 피하기 위해 주식투자를 하는 것이 아니다.

《1초 만에 재무제표 읽는 법》의 저자 고미야 가즈요시는 1초 동안 재무제표를 볼 수 있다면, 유동비율을 본다고 말했다. 유동비율을 통해서 기업의 중요한 부분을 판단할 수 있다는 주장이다.

만일 필자가 기업의 재무제표를 단 1초 동안만 볼 수 있다면, 해당 기업의 지난 몇 년간의 매출액과 영업이익 추이를 볼 것이다. 기업의 매출액과 영업이익이 증가해야 지배지분순이익도 증가하고, 이익잉여금의 증가를 통해 자연스럽게 기업의 유동비율과 부채비율, 유보율 등 재무안정성 지표들도 개선되기 때문이다.

:: 영업이익과 다른 계정과목들의 상관관계 ::

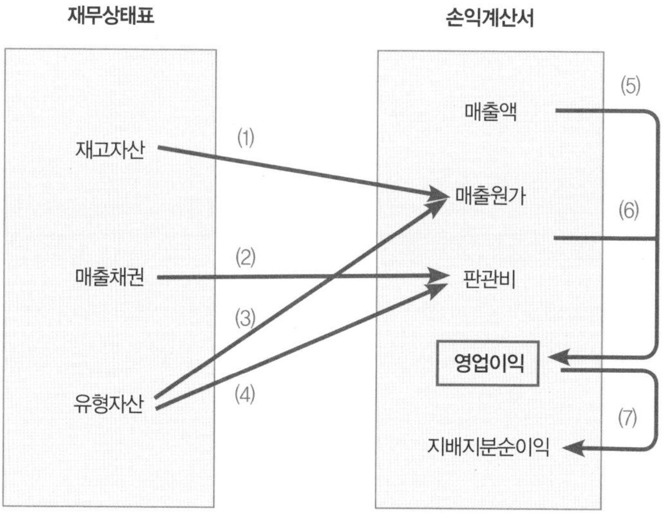

(1) 기업은 매 회계연도 결산 시점에 보유하고 있는 재고자산의 가치를 현실에 맞게 재평가해서, 가치가 하락한 만큼 재고자산평가충당금으로 설정하고 매출원가에 비용으로 반영한다. 제품 생산이 완성되면 일단 재고자산 계정에 편입된다. 그 이후 제품이 판매되면 매출원가에 반영된다.

(2) 기업은 생산한 제품을 외상으로 판매한 매출채권 금액 중 과거의 경험상 받지 못할 것으로 추정되는 금액만큼 각 회계연도 말에 대손충당금으로 처리하고, 그 금액만큼 판관비에 비용으로 반영한다.

(3) 유형자산 중 생산설비와 공장 건물에서 발생하는 감가상각비는 매출원가에 비용으로 반영한다.

(4) 유형자산 중 본사 건물, 업무용 차량 등에서 발생하는 감가상각비는 판관비에 비용으로 반영한다.

(5) 매출액 : 기업의 영업이익은 매출액이 증가하면서 함께 증가하는 것이 일반적이다. 만일 매출이 증가하지 못하고 있는 상황에서 영업이익이 증가했다면, 매출원가나 판매비와 관리비가 감소하면서 영업이익이 증가한 경우다. 이는 결코 바람직하다고 할 수 없다. 이런 상황에서 영업이익이 계속해서 증가하는 경우는 거의 없으며, 조만간 기업의 영업이익은 감소할 가능성이 높아진다.

(6) 매출원가, 판관비 : 기업의 매출이 증가하면 기업의 주된 비용인 매출원가와 판관비도 자연스럽게 증가하게 된다. 기업이 매출원가나 판관비를 얼마나 잘 통제하는지에 따라 영업이익의 크기가 결정된다.

(7) 지배지분순이익 : 주주의 몫인 지배지분순이익은 일회성 영업 외 비용이나 수익이 발생하지 않는 이상 영업이익이 증가하면 당연히 증가하며, 영업이익의 직접적인 영향을 받는다.

영업이익이 재무상태표 계정과목의 직접적인 영향을 받는 경우는 없다. 재무상태표 계정과목인 매출채권, 재고자산, 유형자산과 연결된 매출액, 매출원가, 판관비를 통해 간접적인 영향을 받는다.

지배지분순이익 : 일회성 특별손익이 문제

우리가 익히 알고 있는 PER주가수익비율 : Price Earnings Ratio을 계산할 때 사용하는 지배지분순이익을 가장 중요하다고 주장하는 전문가들도 많다. 기업 경영 성과의 결론이 바로 지배지분순이익이기 때문이다.

금융 비용차입금에 대한 이자과 법인세 비용은 일회성 성격의 비용이 아니다. 따라서 기업이 영업활동을 계속하는 한 어느 정도 예측이 가능하며, 지속적으로 발생하는 비용이기 때문에 문제가 되지 않는다.

문제는 지배지분순이익이 예측이 쉽지 않은 자산재평가이익, 외화자산평가손익, 손상차손 등 일회성 특별손익에 의해 영업이익과는 전혀 다른 결과가 나오는 경우가 적지 않다는 사실이다.

예를 들어 회사의 영업이익이 전년 대비 크게 증가하더라도 손상차손유/무형자산의 가치가 급격하게 하락한 경우 그 가치 하락만큼 기업은 손실 처리를 한다이 예상치 못한 큰 규모로 발생하게 되면, 기업의 지배지분순이익이 적자 전환하는 경우도 어렵지 않게 찾아볼 수 있다. 그런 이유 때문에 지배지분순이익이 주가에 미치는 영향력은 제한적이고, 수익성 지표로서도 당연히 신뢰도가 떨어진다.

실제 기업의 사례를 살펴보자.

주요재무정보	최근 연간 실적				최근 분기 실적					
	2017.12	2018.12	2019.12	2020.12 (E)	2019.09	2019.12	2020.03	2020.06	2020.09	2020.12 (E)
	IFRS 연결	IFRS 연결	IFRS 연결	IFRS 연결	IFRS 연결	IFRS 연결	IFRS 연결	IFRS 연결	IFRS 연결	IFRS 연결
매출액(억원)	120,922	130,116	126,834	76,402	33,829	30,406	24,273	17,284	15,953	18,411
영업이익(억원)	9,398	6,712	2,575	1,036	964	1,191	-828	1,102	-314	1,081
당기순이익(억원)	8,019	-1,611	-6,228	-3,446	-2,513	867	-7,369	1,174	-324	3,969

위의 그림은 대한항공의 2017년부터 2020년예상까지 연간 실적의 일부분이다.

대한항공은 계속해서 영업이익을 냈음에도 불구하고 2017년을 제외하고 매년 대규모 영업 외 손실로 당기순손실을 기록했다. 분기별로 살펴봐도 2019년 3분기 이후 매 분기 예측이 불가능할 정도로 영업이익과 순이익에 큰 차이가 있다.

따라서 당기순이익을 이용한 PER로 기업의 가치를 평가하는 일은 거의 불가능하다.

실제로 대한항공을 커버하는 애널리스트들 중 PER을 이용해서 목표주가를 제시하는 애널리스트는 아무도 없다. 대부분의 애널리스트는 재무제표에서 확인이 가능한 순자산자기자본을 이용한 PBR주가순자산비율을 이용해서 목표주가를 제시하고 있다.

그렇다고 지배지분순이익을 절대 간과해서도 안 된다. 지배지분순이익은 주주에 대한 배당금으로 사용되며, 남은 금액은 이익잉여금 계정에 쌓이게 되어 기업이 영업활동에 필요한 자산을 마련하는 주요 재원이 된다.

일회성 영업 외 손익과 특별손익이 발생하지 않는다면 정상적인 영업 활동을 한 기업의 경우 영업이익이 금융 비용과 법인세를 납부하고 얻은 당기순이익보다 커야 한다.

필자는 손익계산서에서 지배지분순이익과 영업이익이 크게 차이가 나는지 여부를 집중적으로 살펴본다. 영업이익과 크게 차이가 난다면, 이는 당연히 영업 외 손익이 크다는 이야기다. 그래서 그 원인이 무엇인지 재무제표 주석에서 확인을 한 후 필요한 경우 기업에 전화를 해서 그 원인을 정확하게 파악한다.

예를 들어 영업 외 비용인 무형자산의 대규모 손상차손 발생에 의한 것이라면, 추가적인 무형자산 손상차손이 발생할지 여부를 회사에 전화로 확인하는 작업을 해야 한다. 대부분의 경우는 일회성 요인이다.

연결 포괄손익계산서

제 25 기 2019.01.01 부터 2019.12.31 까지

제 24 기 2018.01.01 부터 2018.12.31 까지

제 23 기 2017.01.01 부터 2017.12.31 까지

(단위 : 원)

	제 25 기	제 24 기	제 23 기
영업수익	3,070,111,364,510	2,416,992,440,597	1,972,326,479,100
영업비용	2,863,325,142,724	2,344,043,550,670	1,806,946,951,495
영업이익(손실)	206,786,221,786	72,948,889,927	165,379,527,605
기타수익	73,754,690,318	74,530,698,766	36,246,784,562
기타비용	521,412,397,600	85,771,779,329	90,567,966,498
금융수익	70,385,959,514	112,452,969,082	78,946,721,408
이자수익	31,700,026,980	41,783,010,505	14,588,661,571
기타금융수익	38,685,932,534	70,669,958,577	64,358,059,837
금융비용	44,000,156,706	50,142,764,508	45,743,621,319
지분법이익	11,489,724,840	32,257,116,638	26,474,599,114
지분법손실	31,260,947,854	25,605,267,837	17,438,319,472
법인세비용차감전순이익(손실)	(234,256,905,702)	130,669,862,739	153,297,725,400
법인세비용	107,667,672,646	114,781,003,530	28,203,826,088
당기순이익(손실)	(341,924,578,348)	15,888,859,209	125,093,899,312
당기순이익(손실)의 귀속			
지배기업 소유주지분	(301,002,847,366)	47,885,550,586	108,596,686,806

위의 그림은 쇼핑, 플랫폼, 콘텐츠 등 다양한 온라인 사업을 확장하고 있는 카카오의 2017년부터 2019년까지의 연결손익계산서다. 2019년 지배지분순이익은 3,010억 적자로 영업이익인 2,067억과 큰 차이를 보이고 있다. 주된 이유는 기타 비용이 5,214억 발생했기 때문이다. 이는 지배지분순이익과 영업이익의 차이를 대부분 설명해준다.

연결손익계산서만 봐서는 무슨 이유로 대규모 기타 비용이 발생했는

지 알 수 없다.

자세한 이유를 재무제표 주석에서 확인해보자.

(단위 : 천원)

구분	당기	전기
<기타수익>		
유형자산처분이익	2,687,886	583,904
무형자산처분이익	7,882,388	1,904,405
투자부동산처분이익	-	177,757
지분법주식처분이익	50,973,393	38,650,360
종속기업투자처분이익	612,074	14,746,009
외환차익	1,523,247	2,398,031
외화환산이익	860,999	123,168
잡이익	7,796,336	15,435,592
임대료수익	293,199	9,824
기타자산처분이익	-	294,685
대손충당금환입(영업외)	61,680	204,173
무형자산손상차손환입	340,992	-
염가매수차익	694,186	-
복구충당부채환입	28,309	-
기타	-	2,791
기타수익 계	73,754,689	74,530,699
<기타비용>		
유형자산처분손실	1,244,740	355,272
무형자산처분손실	1,836,247	324,048
유형자산폐기손실	578,180	622,821
유형자산손상차손	57,037	-
무형자산손상차손	440,322,518	8,319,784

위의 그림은 카카오의 재무제표 주석에서 찾은 기타 비용 세부 내역이다. 총 기타 비용 5,214억 중 80% 이상이 무형자산손상차손에서 발

생했다. 카카오가 구체적으로 어떤 무형자산의 가치가 하락했다고 판단해서 손상차손 처리했는지, 재무제표 주석의 무형자산 변동 내역을 다시 찾아봤다.

가. 당기 무형자산의 변동 내역은 다음과 같습니다.

(단위 : 천원)

과목	영업권(주1)	개발비	산업재산권	전속권	회원권/브랜드	기타의무형자산(주2,3)	합계
<장부금액의 변동>							
기초 순장부금액	3,175,610,437	8,861,019	39,466,841	7,387,950	356,875,014	277,063,726	3,865,264,987
취득	-	242,103	1,242,321	926,009	3,652,253	56,249,659	62,312,345
대체	-	-	-	12,944,837	-	6,177,800	19,122,637
연결범위변동	114,192,954	-	60,936	15,643,111	343,599	(7,950,397)	122,290,203
처분	-	-	(4,739)	(16,282)	(386,254)	(10,882,511)	(11,289,786)
무형자산상각비	-	(4,759,991)	(5,767,005)	(9,520,415)	-	(59,631,164)	(79,678,575)
무형자산손상차손	(374,638,764)	(224,174)	(27,729)	-	(55,700)	(65,035,159)	(439,981,526)
기타	-	-	19,542	-	-	10,355,941	10,375,483
기말 순장부금액	2,915,164,627	4,118,957	34,990,167	27,365,210	360,428,912	206,347,895	3,548,415,768
<취득원가 및 장부금액>							
2019년 12월 31일							
취득원가	3,302,966,048	24,592,465	41,782,595	37,459,591	360,524,128	382,184,500	4,149,509,327
상각누계액	-	(18,273,951)	(5,182,911)	(10,094,381)	-	(119,757,479)	(153,308,722)
정부보조금	-	(4,553)	(766)	-	-	(17,325)	(22,644)
손상차손누계액	(387,801,421)	(2,195,004)	(1,608,751)	-	(95,216)	(56,061,801)	(447,762,193)
순장부금액	2,915,164,627	4,118,957	34,990,167	27,365,210	360,428,912	206,347,895	3,548,415,768

(주1) 당기중 인식된 영업권 손상차손은 ㈜카카오엠 (구. ㈜로엔엔터테인먼트) 종속기업과의 인수, 합병을 통해 발생된 음악서비스관련 현금창출단위영업권에서 발생된 건으로,
시장환경의 변화와 권리비용 징수규정 변경에 따른 수익성 저하 등의 영향으로 보고기간말 현재의 회수가능가액이 장부금액 미만으로 하락하여 영업권 3,527억원을 손상차손으로 인식하였습니다.

카카오는 영업권에 대해서 2019년 3,746억 무형자산손상차손으로 비용 처리했다. 무형자산 중 영업권은 카카오가 타 기업을 인수 합병하면서 피 인수기업의 시장가치 이상으로 지불한 초과 금액으로, 장사가 잘되는 식당을 인수하면서 지불하는 일종의 권리금이라고 생각하면 된다.

카카오는 카카오엠, 로엔엔터테인먼트를 인수할 당시 초과 지불한 금

액인 영업권을 대규모로 손실 처리한 것이다. 이렇게 우리는 영업이익과 지배지분순이익에 큰 차이가 있다면, 그 원인이 무엇인지 파악하는 작업을 해야 한다.

:: 지배지분순이익과 다른 계정과목들의 상관관계 ::

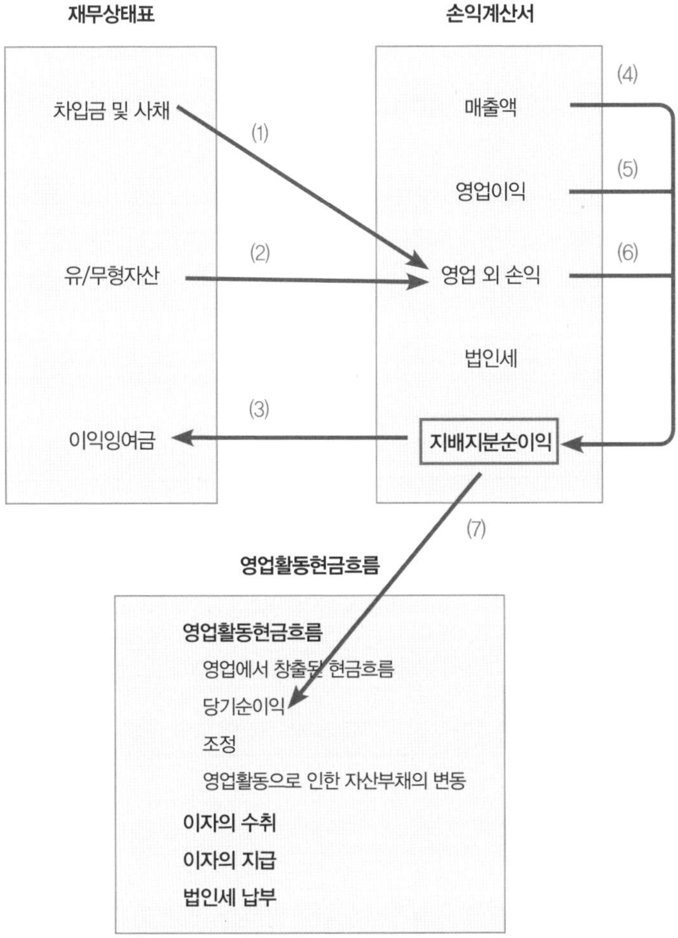

(1) 장단기차입금 및 사채 : 기업의 차입금이 증가하면 금융 비용 상승으로 지배지분순이익이 감소한다.

(2) 유/무형자산 : 유/무형자산에서 발생하는 손상차손은 영업 외 비용에 포함되면서 결과적으로 지배지분순이익을 감소시킨다.

(3) 이익잉여금 : 지배지분순이익 중 주주에게 배당금으로 지급하고 남은 금액이 자본 계정에 있는 이익잉여금에 쌓여 기업의 자본 총액을 증가시킨다.

(4) 매출액 : 기업의 지배지분순이익 역시 매출이 증가해야 기본적으로 증가하게 된다.

(5) 영업이익 : 기업의 매출과 영업이익이 동시에 증가하면 지배지분순이익 역시 증가할 가능성이 높다.

(6) 영업 외 손익 : 전 분기 혹은 전년 동기 대비 큰 변화가 있으면 그 원인이 무엇인지 재무제표 주석 '기타 손익', '영업 외 손익' 등에서 확인하자. 필요에 따라 기업에 전화해서 주식IR 담당자에게 확인하는 작업도 병행해야 한다.

(7) 영업활동현금흐름의 구성 항목인 당기순이익과 일치한다.

매출원가, 판매비와 관리비 : 재무제표가 주식투자자에게 주는 유일한 선물

일부 재무제표 관련 회계서적에서는 재무제표 분석으로 오르는 주식을 찾아낼 수 있다고 주장한다. 하지만 필자는 그런 기법은 존재하지도, 존재할 수도 없다고 분명히 말씀 드리고 싶다. 만일 그런 마법과 같은 기법이 존재한다면 이미 많은 주식투자자들에게 널리 알려져 있을 것이며, 주식투자로 괴로워하는 사람도 없을 것이다. 이는 마치 주가와 거래량을 이용한 기술적 차트 분석으로 수익을 낼 수 있다는 주장과 흡사하다.

다만 **재무제표를 제대로 분석한다면 기업의 이익이 증가하는 시기를 포착할 수 있으며, 그 시기가 되었을 때 해당 주식을 매수해 이익을 낼 수 있을 뿐이다.**

지금부터 설명하는 기업의 주된 영업 비용인 매출원가와 판매비와 관리비를 제대로 파악하는 일은 재무제표 분석으로 유일하게 수익을 낼 수 있는 방법이다.

먼저 기업의 주된 영업 비용인 매출원가와 판매비와 관리비에 대해 알아보도록 하자. 제품 생산과 관련된 기업의 모든 비용은 매출원가에 반영되며, 생산된 제품의 판매를 위한 영업활동이나 본사관리, 마케팅 비용 등은 판매비와 관리비에 반영된다.

회사에서 근무하는 같은 직원이라도 생산직 근로자의 급여는 매출원가에, 인사부, 총무부 등 본사 관리부서 직원들의 급여는 판매비와 관리비에 반영된다.

같은 감가상각비라도 생산 공장이나 각종 생산 기계에서 발생하는 감가상각비는 매출원가에, 본사 건물에서 발생하는 감가상각비는 판매비와 관리비에 포함된다.

- **매출원가 :** 기업의 제품생산 과정과 직접 관련이 있는 비용
- **판매비와 관리비 :** 생산된 제품의 판매활동이나 본사 관리활동과 관련된 비용

상장기업의 재무제표 손익계산서에서는 매출원가와 판매비와 관리비를 구별해서 보여주고 있다. 기업이 제품을 생산하는 데 들어간 직접 비용과 그 이외의 비용을 구분해 정보를 제공해주고자 하는 의도다. 주식투자자는 매출원가와 판매비와 관리비에 대한 단순 이해보다는 다음의 두 가지가 훨씬 중요하다는 사실을 알고 있어야 한다.

매출원가 vs 판매비와 관리비

우리는 매출원가와 판매비와 관리비 중 어느 비용이 더 많은지 분석함으로써 미래의 기업 이익을 어느 정도 예측할 수 있다.

연결 포괄손익계산서

제 29 기 1분기 2018.01.01 부터 2018.03.31 까지

제 28 기 1분기 2017.01.01 부터 2017.03.31 까지

(단위 : 원)

	제 29 기 1분기		제 28 기 1분기	
	3개월	누적	3개월	누적
수익(매출액)	40,711,820,152	40,711,820,152	26,754,637,354	26,754,637,354
매출원가	9,481,019,585	9,481,019,585	1,066,145,873	1,066,145,873
매출총이익	31,230,800,567	31,230,800,567	25,688,491,481	25,688,491,481
판매비와관리비	24,937,563,596	24,937,563,596	16,288,433,719	16,288,433,719
영업이익(손실)	6,293,236,971	6,293,236,971	9,400,057,762	9,400,057,762

위의 그림은 한글과컴퓨터의 2017년 1분기와 2018년 1분기 연결손익계산서다. 2018년 1분기 매출은 전년 동기 267억에서 407억으로 140억이나 급증했다. 매출원가를 반영한 매출총이익도 2017년 1분기보다 56억 정도 증가했으나, 문제는 판매비와 관리비가 2017년 1분기보다 80억 이상 증가하여 영업이익은 오히려 감소했다.

이렇듯 우리는 판매비와 관리비 중 어느 부분이 증가했는지 재무제표 주석을 찾아봐야 한다.

당분기와 전분기 중 매출원가 및 판매비와관리비의 성격별 분류 내역은 다음과 같습니다.

(단위 : 천원)

구 분	당분기	전분기
재고자산의 변동 및 원재료 사용액	8,532,205	251,637
종업원급여	898,212	12,098,048
감가상각비와 무형자산상각비	6,218,228	1,572,725
운반비	74,396	23,616
광고비	1,925,873	499,042
기타비용	11,447,179	2,909,512
합 계	29,096,093	17,354,580

앞쪽 아래 그림은 한글과컴퓨터의 재무제표 주석에서 찾은 매출원가, 판매비와 관리비의 성격별 분류 내역이다. 15억 정도 증가한 광고비가 80억 이상 증가한 판매비와 관리비 전체를 설명해주지 못하고 있다. 전 분기보다 80억 이상 증가한 기타 비용 세부 내역을 알아야 급증한 판매비와 관리비 변동을 알 수 있는 상황이다. 기업의 재무제표 주석 작성에 아쉬움이 남는 부분이다.

필자는 당시 급증한 기타 비용이 무엇인지 파악하기 위해 이 회사의 주식IR 담당자와 통화를 했었다. 주식IR 담당자는 평창동계올림픽 관련 광고선전비가 50억 정도, 신제품 '오피스18' 개발 관련 비용의 증가가 전체 판매비와 관리비 증가의 주된 이유였다고 답변해줬다.

기업의 매출원가는 주로 원재료비와 감가상각비, 생산직 직원의 급여로 구성되어 있다. 원재료 가격은 기업이 마음대로 결정하지 못하는 경우가 대부분이다. 오르고 있는 국제유가의 가격 하락 여부를 특정 기업 마음대로 결정할 수 없기 때문이다. 감가상각비 역시 기업의 매출이 증가하든 감소하든 매년 일정하게 발생한다. 생산직 직원의 급여 역시 일정하게 발생한다.

반면에 판매비와 관리비는 기업이 효율적으로 관리하기가 상대적으로 더 쉽다. 판관비에 반영되는 광고선전비의 경우 기업이 마음만 먹으면 얼마든지 비용을 통제할 수 있다. 연구개발비 역시 기업이 통제할 수 있는 부분이 있다. 따라서 기업의 비용이 증가하더라도 매출원가가 아닌 판매비와 관리비가 증가했다면, 기업의 미래 영업이익은 충분히 개선될 수 있다.

- **매출원가 :** 지속적, 고정적 발생 성격이 강하다. 기업의 의지대로 통제하기가 어렵다.
- **판매비와 관리비 :** 일회성 비용이 포함되어 있다. 매출원가보다는 기업의 의지대로 통제하기가 상대적으로 쉽다.

매출원가, 판매비와 관리비 대신 고정비와 변동비로 분류하자

당기 및 전기 중 비용의 성격별 분류 내역은 다음과 같습니다.

(단위 : 백만원)

구 분	당기	전기
제품 및 재공품 등의 변동	1,900,859	(5,484,269)
원재료 등의 사용액 및 상품 매입액 등	83,443,554	79,808,215
급여	22,453,030	22,727,468
퇴직급여	1,171,606	958,793
감가상각비	26,573,816	25,167,112
무형자산상각비	3,023,822	1,314,925
복리후생비	4,489,617	4,095,722
유틸리티비	4,451,765	4,335,464
외주용역비	5,181,792	4,921,791
광고선전비	4,614,525	3,998,491
판매촉진비	6,678,078	7,113,183
기타비용	38,649,908	35,927,851
계(*)	202,632,372	184,884,746

(*) 연결손익계산서 상의 매출원가와 판매비와관리비를 합한 금액입니다.

위의 그림은 삼성전자의 2019년도 사업보고서 재무제표 주석에서 찾은 기업의 영업 비용 분류 내역이다. 기업이 속한 업종의 특성과 영업

전략에 따라 주된 영업 비용에 차이가 있을 수 있다. 일반적으로 제조업에 속하는 기업이라면 원재료비, 종업원 급여, 유/무형자산 감가상각비, 임대료, 판매수수료가 영업 비용의 많은 부분을 차지하고 있다. 다른 비용도 다수 포함되어 있지만 영업 비용 전체에 미치는 영향력은 상대적으로 적다.

기업 실적에 큰 영향을 미치는 비용만 분석해도 주식투자에 필요한 재무제표 분석으로는 충분하다.

주식투자자들은 재무제표에 있는 영업 비용을 매출원가, 판매비와 관리비로 단순 분류해서 이해하는 것보다 고정비와 변동비로 분류해서 이해하는 것이 주식투자에 더 큰 도움을 받을 수 있다. 재무제표 분석이 주식투자자에게 주는 유일한 선물이다.

원재료비는 당연히 변동비다. 원재료 가격이 상승하면 기업의 매출원가도 상승한다.

종업원 급여는 고정비다. 기업의 매출 규모와 상관없이 지불해야 하는 비용이다.

유/무형자산 감가상각비도 고정비다. 기업이 유/무형자산을 취득하면 감가상각비는 매년 일정하게 발생한다.

임대료 역시 고정비다. 매출이 증가하든 감소하든 항상 일정하게 발생하는 비용이다.

판매수수료는 제품 판매에 대한 대가로 지불하는 수수료다. 제품 판매량에 따라 결정되기 때문에 변동비다.

이상을 정리하면 다음과 같다.

- **고정비** : 기업이 영업활동을 영위하는 한 지속적으로 발생한다. 기업의 매출과 상관관계가 적다.
  예) 종업원 급여, 유/무형자산 감가상각비, 임대료.
- **변동비** : 기업의 매출이 증가하면 함께 증가한다.
  예) 원재료비, 판매수수료, 판매추진비

고정비 비중이 높은 기업은 매출이 증가해야 기업의 이익이 증가한다. 매출이 증가해도 고정비는 쉽게 증가하지 않기 때문에 매출의 증가는 곧 이익의 증가에 직결된다.

반면 변동비 비중이 높은 기업은 당연히 원재료 가격이 하향 안정화되어야 기업의 이익이 증가한다. 이는 추가적인 설명이 필요 없을 듯하다.

:: 고정비 비중이 높은 기업 ::

(단위 : 천원)

	2019년	2018년
경상연구개발비	6,448,304	6,216,363
세금과공과금	905,318	1,115,656
감가상각비	294,482	212,664
무형자산상각비	265,726	355,379
지급임차료	128,236	153,899
보험료	16,219	18,603
차량유지비	25,200	21,930
전산운용비	57,116	36,303
교육훈련비	73,128	44,903
수도광열비	58,676	66,056
지급수수료	793,061	666,620
도서인쇄비	4,215	5,950
광고선전비	66,052	64,333
대손상각비	104,011	98,581
운반비	3,327	4,004
협회비	33,987	58,694
운용리스료	3,626	30,020
합 계	12,553,578	12,124,349

위의 그림은 반도체 칩을 주로 설계하는 칩스앤미디어의 재무제표 주석에서 찾은 2018년과 2019년도 영업 비용의 일부다. 전체 영업 비용의 50% 이상이 경상연구개발비다.

경상연구개발비에 대한 자세한 내용은 사업보고서에 있는 사업의 내용에서 찾을 수 있다.

당사의 연구개발비용은 경상연구개발비의 과목으로 하여 판관비로 처리하고 있으며,연구개발인력의 인건비가 경상연구개발비의 대부분을 차지하고 있습니다.

(단위 : 천원)

과 목		2019년 (제17기)	2018년 (제16기)	2017년 (제15기)
인건비		5,634,408	4,563,420	3,775,380
재료비		-	-	1,915
지급수수료(S/W)		812,745	753,157	482,774
기타경비		384,452	354,037	-
연구개발비용 계		6,831,605	5,670,614	4,260,069
(정부보조금)		(383,301)	(622,614)	(183,418)
회계처리	판매비와관리비	6,448,304	5,048,000	4,076,651
	제 조 경 비	-	-	-
	개발비(무형자산)	-	-	-
연구개발비 / 매출액 비율 [연구개발비용계÷당기매출액×100]		39.93%	35.68%	45.02%

위의 그림은 칩스앤미디어의 경상연구개발비에 대한 상세 내역이다. 연구인력에 대한 인건비가 경상연구개발비의 대부분을 차지하고 있다.

연구인력 이외의 직원에 대한 급여를 감안하면 전체 영업 비용의 70% 정도가 고정비인 인건비다.

연결 포괄손익계산서

제 17 기 2019.01.01 부터 2019.12.31 까지

제 16 기 2018.01.01 부터 2018.12.31 까지

제 15 기 2017.01.01 부터 2017.12.31 까지

(단위 : 원)

	제 17 기	제 16 기	제 15 기
매출액	16,148,209,650	14,147,250,500	9,055,717,578
매출원가	0	0	0
영업수익	16,148,209,650	14,147,250,500	9,055,717,578
영업비용	12,553,578,122	12,124,349,223	10,568,507,720
영업이익(손실)	3,594,631,528	2,022,901,277	(1,512,790,142)

위의 그림은 칩스앤미디어의 연결손익계산서 일부다. 고정비인 인건비 비중이 높기 때문에 매출액의 증가에 비해 영업 비용의 증가 폭이 상대적으로 적은 것을 확인할 수 있다. 평소 칩스앤미디어에 관심을 가지고 있지 않은 투자자라면 기업의 매출이 증가하는 상황을 사전에 파악하기는 쉽지 않다.

고정비 비중이 높은 기업은 매출이 증가하면 영업이익의 증가로 이어진다는 사실을 예로 들어서 설명하려고 했다. 향후 기업의 매출이 증가할지 여부의 예측은 애널리스트 리포트나 주식IR 담당자와의 유선통화 등 종합적인 방법을 통해서 가능하다.

:: 변동비 비중이 높은 기업 ::

연결 손익계산서

제 44 기 3분기 2020.01.01 부터 2020.09.30 까지

제 43 기 3분기 2019.01.01 부터 2019.09.30 까지

(단위 : 원)

	제 44 기 3분기		제 43 기 3분기	
	3개월	누적	3개월	누적
매출액	1,188,259,039,863	3,440,002,356,873	1,216,471,338,864	3,780,041,319,492
매출원가	925,575,616,911	2,834,576,375,936	1,103,650,676,546	3,292,262,281,353
매출총이익	262,683,422,952	605,425,980,937	112,820,662,318	487,779,038,139
판매비와관리비	48,906,472,603	138,361,038,667	44,446,672,304	137,758,627,560
영업이익(손실)	213,776,950,349	467,064,942,270	68,373,990,014	350,020,410,579

위의 그림은 종합화학회사인 금호석유화학의 2019년 3분기부터 2020년 3분기까지 연결손익계산서 일부다. 이 기업의 2020년 3분기까지의 매출액은 3조 4,400억으로 전년 동기 3조 7,800억에서 3,000억 이상 감소했다. 그럼에도 기업의 영업이익은 2019년 3분기까지 3,500억이었고, 2020년 3분기까지는 4,670억으로 1,170억 증가했다.

특히 2020년 3분기는 2,137억의 영업이익을 내서, 전년 동기 683억에서 1,400억 이상 급증했다. 판매비와 관리비가 거의 변동이 없는 상황에서 2020년 3분기까지 매출원가가 전년 동기 대비 4,500억 이상 감소하면서 영업이익이 급증한 것임을 알 수 있다.

이처럼 석유화학회사의 매출원가가 감소한 것은 원재료 가격이 하락했다는 것을 의미한다.

23-1. 매출액
당분기 및 전분기의 매출액 내역은 다음과 같습니다.

(단위 : 백만원)

구 분	당분기		전분기	
	3개월	누적	3개월	누적
제품매출액	1,149,153	3,319,825	1,166,898	3,639,327
상품매출액	19,437	60,247	31,271	84,444
기타매출액	19,669	59,930	18,302	56,270
합계	1,188,259	3,440,002	1,216,471	3,780,041

23-2. 매출원가
당분기 및 전분기의 매출원가 내역은 다음과 같습니다.

(단위 : 백만원)

구 분	당분기		전분기	
	3개월	누적	3개월	누적
제품매출원가	896,136	2,744,371	1,064,683	3,186,463
상품매출원가	17,886	54,819	27,236	73,795
기타매출원가	11,554	35,386	11,732	32,004
합계	925,576	2,834,576	1,103,651	3,292,262

이 기업의 2020년 3분기 재무제표 주석에서 찾은 내용이다. 제품매출액은 전년 동기와 크게 차이가 없지만, 제품매출원가는 전년도 3분기 1조 646억에서 8,961억으로 1,500억 이상 감소했다. 이는 전부 기업의 영업이익으로 연결된다.

실제 원재료 가격의 변동 추이를 살펴보자.

가. 주요 원재료의 현황

(단위 : 백만원)

사업부문	매입유형	품목	구체적용도	매입액(비율)	비 고
합성고무/수지	내수/수입/로칼	SM	SBR, ABS	353,280 (34%)	SK종합화학 등
		BD	SBR, BR	323,234 (31%)	여천NCC 등

위의 그림은 금호석유화학의 2020년 3분기 분기보고서 사업의 내용에서 찾은 주요 원재료 매입 금액을 보여주고 있다. 주요 원재료의 매입 금액은 6,765억으로 전체 매출원가인 8,961억의 75%를 차지하고 있다.

나. 주요 원재료 등의 가격변동추이

(단위 : USD/톤)

품목	제44기 3분기	제43기 3분기	제43기	제42기
SM	704	1,056	1,018	1,345
BD	601	1,108	1,078	1,427

위의 그림은 금호석유화학의 2020년 3분기 분기보고서 사업의 내용에서 찾은 주요 원재료 가격 변동 추이다. 주요 원재료 가격이 전년 동기 대비 30~40% 급락한 것을 볼 수 있다. 변동비 비중이 높은 금호석유화학의 2020년 3분기 영업이익 급증은 주요 원재료 가격의 급락 덕분임을 알 수 있다.

제조 업종에 속하는 기업들의 제품생산과 판매에는 일정 시차가 존재한다. 금호석유화학의 2020년 4분기에 반영되는 매출원가의 상당 부분은 3분기 원재료가 투입된 것이다. 따라서 3분기 이후 금호석유화학의 영업이익은 지속적으로 증가할 것으로 예상된다.

금호석유(011780)

또 다시 어닝 서프라이즈

4Q20 Review: 어닝 서프라이즈 기록

동사의 2020년 4분기 매출액은 1조 3,695억원(+15% QoQ, +15% YoY), 영업이익 2,751억원(+29% QoQ, +1,619% YoY)으로 3분기에 이어 또 한번의 어닝 서프라이즈를 기록하였다. 사업부문별로 보면, 합성고무 부문은 SBR/BR, NB-Latex 제품 모두 스프레드 확대로 인하여 수익성이 개선되었다. 합성수지부문은 가전/자동차용 ABS의 견조한 수요로 인한 수익성 개선 효과가 있었으나 원재료 SM 변동폭 확대로 인하여 전분기 대비 PS 수익성은 감소하였다. 페놀유도체는 여전히 타이트한 공급이 지속되고 있어 주요 제품 스프레드 확대로 인한 수익성 증대 효과가 지속되었다.

위의 그림은 2021년 2월에 나온 어느 증권회사 애널리스트의 리포트다. 금호석유가 2020년 4분기에 또 다시 어닝 서프라이즈를 기록했다는 내용이다. 이렇게 **기업의 영업 비용 중 고정비가 차지하는 비중이 높은지, 변동비 비중이 높은지 파악하고 있으면 기업의 이익이 증가하는 시기를 포착할 수 있다.** 그래서 적절한 시기에 해당 주식을 매수한다면 충분히 수익을 낼 수 있을 것이다.

:: 매출원가, 판매비와 관리비와 다른 계정과목들의 상관관계 ::

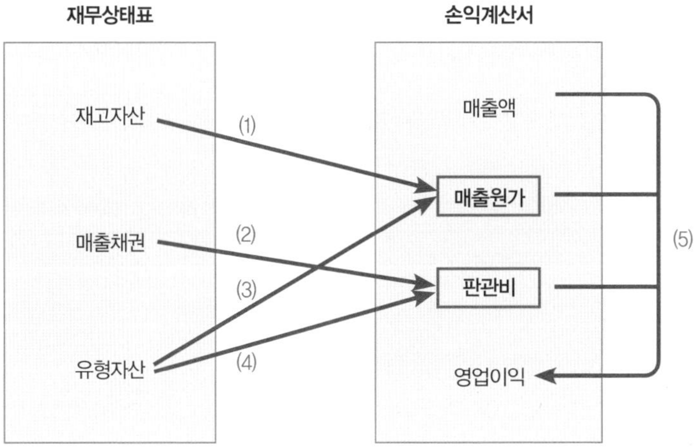

(1) 기업은 재고자산의 가치가 하락한 만큼 재고자산평가충당금을 기업의 주된 영업 비용 중 하나인 매출원가에 비용으로 반영한다.

(2) 기업은 매출채권 금액 중 과거의 경험상 받지 못할 것으로 추정되는 금액만큼 각 회계연도 말에 대손충당금으로 처리하고, 그 금액만큼 기업의 영업 비용인 판관비에 비용으로 반영한다.

(3) 유형자산 중 생산설비와 공장 건물에서 발생하는 감가상각비는 매출원가에 비용으로 반영한다.

(4) 유형자산 중 본사 건물, 업무용 차량 및 비품 등에서 발생하는 감가상

각비는 판관비에 비용으로 반영한다.

(5) 고정비 비중이 높은 기업은 매출이 증가해야 영업이익이 크게 증가하며, 변동비 비중이 높은 기업은 원재료 가격이 하향 안정화되면 기업의 이익이 증가한다.

감가상각비가 대단히 중요한 이유

주식투자자들뿐만이 아니라 금융권에서 여신 관련 업무를 담당하고 있다면, 재무제표에서 반드시 정확하게 내용을 이해하고 있어야 하는 부분 중 하나가 바로 감가상각비다. 필자는 주식투자자를 위한 재무제표 강의뿐만 아니라, 금융권 여신 관련 재무제표 강의도 진행하고 있다. 여신 관련 업무 담당자가 감가상각비를 정확하게 이해해야 하는 이유는 바로 감가상각비와 연관성이 깊은 EBITDA법인세, 이자, 감가상각비 차감 전 영업이익, 영업활동현금흐름, 잉여현금흐름 등의 지표들이 여신 관련 재무제표 분석에서 널리 이용되고 있기 때문이다.

먼저 감가상각비에 대해서 알아보자.

감가상각비

감가상각비란 기업이 신규로 생산설비를 취득하는 경우 이를 비용이 아닌 유형자산으로 처리했다가, 취득한 다음 연도부터 일정 기간상장기업

평균 5~7년 동안 생산설비의 가치가 하락한 만큼 비용으로 처리하는 것을 말한다.

2019년 12월 31일 은행에서 돈을 빌려(차입)
100억에 신규 생산설비 도입 시 회계 처리

:: 2019년 말 재무상태표 ::

자산 유형자산 10억(생산설비 취득)	**부채** 차입금 10억(증가)

2020년부터 5년간 정액법으로 생산설비를 감가상각하는 경우
2020년 회계 처리

:: 2020년 말 재무상태표 :: **:: 2020년 말 손익계산서 ::**

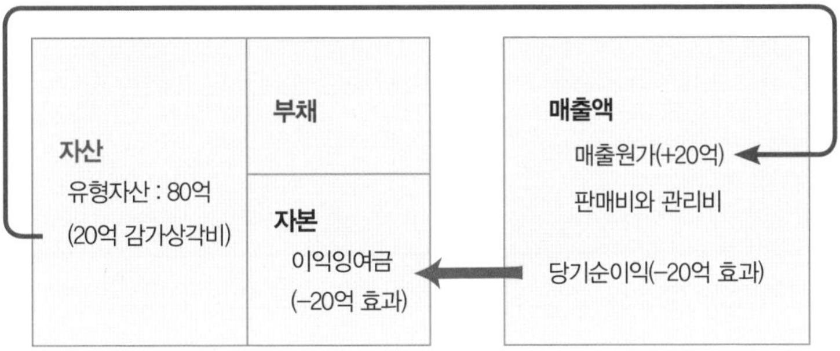

100억에 도입한 생산설비를 5년간 정액법으로 감가상각한다고 가정했기 때문에, 감가상각을 시작한 첫해2020년의 감가상각비는 20억100억/5년이 발생하고, 매출원가에 비용으로 반영된다.

그 결과 영업이익을 거쳐서 당기순이익을 20억만큼 감소시키는 효과가 발생했다.

그리고 20억만큼 줄어든 당기순이익은 최종적으로 자본 계정의 이익잉여금을 20억 감소시키는 결과를 가져와서, 재무상태표의 '자산 = 부채 + 자본' 등식을 유지시켜주게 된다.

감가상각비와 관련해서 대표적으로 잘못 인식되고 있는 내용은 다음과 같다.

감가상각비 종료를 통한 영업이익 개선

매출원가에 반영되든 판매비와 관리비에 포함되든 감가상각이 종료되면 기업의 영업이익은 감가상각비가 줄어든 만큼 이론적으로 증가하게 된다.

따라서 감가상각비가 대규모로 종료되는 기업을 사전에 파악할 수 있다면, 영업이익 급증에 따른 주가 상승을 충분히 기대할 수 있다는 것이 전문가들의 주장이다.

이와 관련해서 감가상각비가 언제 그리고 어느 규모로 종료가 되는지 예측하는 방법을 다음과 같이 설명한다.

(단위 : 백만원)

구 분	토지	건물및구축물	기계장치	건설중인자산	기타	합 계
기초장부금액	9,346,285	29,345,910	63,816,231	9,705,056	3,203,242	115,416,724
- 취득원가	9,346,285	45,033,843	206,407,913	9,705,056	8,665,069	279,158,166
- 감가상각누계액 (손상차손누계액 포함)	-	(15,687,933)	(142,591,682)	-	(5,461,827)	(163,741,442)
일반취득 및 자본적지출(*1)	144,291	1,760,347	10,488,174	14,490,901	1,136,367	28,020,080
사업결합으로 인한 취득	2,310	21,481	381,117	7,488	5,262	417,658
감가상각	(31,118)	(2,658,371)	(22,664,896)	-	(1,219,431)	(26,573,816)
처분/폐기	(97,930)	(287,546)	(180,627)	(577)	(75,218)	(641,898)
손상	-	-	(85,215)	-	(8,344)	(93,559)
기타(*2)	410,716	2,287,799	395,152	(272,849)	459,467	3,280,285
기말장부금액	9,774,554	30,469,620	52,149,936	23,930,019	3,501,345	119,825,474
- 취득원가	9,828,309	48,839,439	211,416,021	23,930,019	10,061,981	304,075,769
- 감가상각누계액 (손상차손누계액 포함)	(53,755)	(18,369,819)	(159,266,085)	-	(6,560,636)	(184,250,295)

위의 그림은 삼성전자의 2019년 말 사업보고서 재무제표 주석에서 찾은 유형자산 변동 내역이다. 연간 전체 감가상각비인 26조 5,738억 중 80% 이상인 22조 6,648억이 기계장치에서 감가상각비로 발생하고 있다.

기계장치의 기말 장부 금액이 52조 1,499억이기 때문에 추가적인 기계장치 신규 취득이 없다면, 기계장치에서 발생하는 대규모 감가상각비는 2년52조/22조이 조금 지나면 종료될 것이다.

그러나 현실의 기업 재무제표는 절대 그렇지가 않다. 대규모 감가상각비의 종료로 기업의 영업이익이 증가하는 것은 이론에 불과하다.

(1) 조정내역

(단위 : 백만원)

구 분	당기	전기
법인세비용	8,693,324	16,815,101
금융수익	(3,831,428)	(3,688,038)
금융비용	2,034,518	2,092,633
퇴직급여	1,171,606	958,793
감가상각비	26,573,816	25,167,112
무형자산상각비	3,023,822	1,314,925
대손상각비(환입)	(183,380)	(48,320)
배당금수익	(154,679)	(131,379)
지분법이익	(412,960)	(539,845)
유형자산처분이익	(304,091)	(387,070)
유형자산처분손실	144,547	90,714
재고자산평가손실 등	785,215	1,948,360
투자자산처분이익	(48,345)	(36,388)
기타	(49,283)	47,975
계	37,442,682	43,604,573

위의 그림은 삼성전자의 2019년 말 사업보고서 재무제표 주석에서 찾은 영업활동현금흐름 조정 내역 일부다. 감가상각비 총액인 26조 5,738억은 앞쪽 유형자산 변동 내역의 감가상각비 총액과 같다. 참고로 매년 발생하는 기업의 감가상각비 총액은 재무제표 주석의 영업 비용 세부 내역과 유형자산 변동 내역, 영업활동현금흐름 조정 내역에서 확인할 수 있다. 독자 여러분은 그렇구나 정도로만 알고 있으면 된다.

매년 25조가 넘는 대규모의 감가상각비가 발생하고 있다면, 이론적으로는 매년 삼성전자가 보유하고 있는 유형자산 총액도 감소해야 한다. 감가상각비만큼 유형자산의 가치도 하락하기 때문이다.

다음의 그림을 보자.

제 51 기 2019.12.31 현재
제 50 기 2018.12.31 현재
제 49 기 2017.12.31 현재

(단위 : 백만원)

	제 51 기	제 50 기	제 49 기
자산			
유동자산	181,385,260	174,697,424	146,982,464
현금및현금성자산	26,885,999	30,340,505	30,545,130
단기금융상품	76,252,052	65,893,797	49,447,696
단기매도가능금융자산			3,191,375
단기상각후원가금융자산	3,914,216	2,703,693	
단기당기손익-공정가치금융자산	1,727,436	2,001,948	
매출채권	35,131,343	33,867,733	27,695,995
미수금	4,179,120	3,080,733	4,108,961
선급금	1,426,833	1,361,807	1,753,673
선급비용	2,406,220	4,136,167	3,835,219
재고자산	26,766,464	28,984,704	24,983,355
기타유동자산	2,695,577	2,326,337	1,421,060
비유동자산	171,179,237	164,659,820	154,769,626
장기매도가능금융자산			7,752,180
만기보유금융자산			106,751
상각후원가금융자산		238,309	
기타포괄손익-공정가치금융자산	8,920,712	7,301,351	
당기손익-공정가치금융자산	1,049,004	775,427	
관계기업 및 공동기업 투자	7,591,612	7,313,206	6,802,351
유형자산	119,825,474	115,416,724	111,665,648

위의 그림은 삼성전자의 2017년부터 2019년 말까지 재무상태표 일부다. 유형자산은 매년 111~119조 사이이다. 매년 대규모로 발생하고 있는 감가상각비만큼은 아니더라도, 이론적으로는 유형자산이 감소해야 하지만 오히려 꾸준히 증가하고 있다.

그 이유는 다음과 같다.

(단위 : 백만원)

	2019년도	2018년도	2017년도
유형자산의 처분	513,265	556,973	308,354
유형자산의 취득	(25,367,756)	(29,556,406)	(42,792,234)
무형자산의 처분	7,241	11,935	733
무형자산의 취득	(3,249,914)	(1,020,517)	(983,740)

위의 그림은 삼성전자의 2017년부터 2019년 말까지의 현금흐름표 일부다. 삼성전자는 매년 25~42조 규모로 유형자산을 취득하고 있다. 실제로 삼성전자는 매년 발생하고 있는 감가상각비 이상으로 대규모 유형자산을 취득하고 있는 것이다.

우리는 매년 삼성전자의 신규 투자 규모에 관심을 기울인다. 삼성전자의 연간 투자 규모를 바탕으로 삼성전자가 반도체, 휴대폰, 디스플레이 등 주력 사업의 시장 전망을 어떻게 하고 있는지 짐작할 수 있기 때문이다. 또한 이와 관련해서 삼성전자의 협력업체인 반도체, 휴대폰, 디스플레이 장비나 부품회사들의 당해 연도 매출도 예상할 수 있다.

삼성전자, 현대자동차, POSCO 등 국내 대표 기업들뿐만 아니라 SFA디스플레이기기 장비제조, 물류자동화시스템, 반도체 패키징사업 등 영위, 천보2차전지 핵심소재 기업 등 국내 중견기업들도 매년 발생하는 감가상각비 이상으로 신규 설비에 투자하고 있다. 따라서 **대규모 감가상각비 종료와 그에 따른 기업**

의 영업이익 개선은 단지 이론에 불과하다.

현실의 기업들은 감가상각비가 종료된 이후에도 기존의 생산설비를 최대한 이용해 매출원가를 개선하여 영업이익을 증가시키는 것을 목표로 하지 않는다. 생산설비에 지속적으로 신규 투자를 하더라도 제품의 경쟁력을 유지하는 것이 최우선 목표다. 일부 저가 범용제품을 생산하는 기업의 경우에는 최대한 생산설비를 가동해 영업이익의 극대화를 추구할 수 있지만, 그런 기업은 우리의 투자 대상이 아니며 재무제표 분석 대상도 아니다.

감가상각비는 공짜로 쌓이는 현금?

시가총액/감가상각비 비율을 사용하는 이유는, 영업이익이 "0"일 때 감가상각비만으로 현재 시가총액 수준의 돈을 확보하는데 몇 년이 걸리는가를 파악하기 위해서다. 통상 M&A시 8~9배의 EV/EBITDA를 적용하는 것도 같은 맥락이다.

위의 그림은 롯데케미칼 종목의 애널리스트 리포트의 일부다. 영업이익이 제로일 때 감가상각비만으로 시가총액 수준의 돈을 확보하는 데 얼마나 걸리는지 파악해야 한다는 내용이다. 감가상각비가 영업이익과는 상관없이 기업에 쌓이는 현금이라는 이야기다.

과연 감가상각비가 공짜 현금인지 알아보도록 하자.

36. 현금흐름

(1) 당기와 전기 중 영업으로부터 창출된 현금흐름의 내용은 다음과 같습니다.

(단위 : 백만원)

구분	당기		전기	
1. 연결당기순이익		3,185,646		1,645,019
2. 조정사항		15,145,995		14,036,476
퇴직급여	618,501		564,830	
감가상각비	2,545,183		2,357,887	
무형자산상각비	1,286,689		1,403,582	
판매보증충당부채전입액	2,417,953		1,805,607	
법인세비용	978,120		884,563	
외화환산손익	(44,842)		168,532	
유형자산처분손익	128,742		144,076	
이자수익비용	(195,617)		(208,033)	
지분법손익	(570,735)		(599,522)	
금융업수익비용	6,832,433		6,623,857	
관계기업투자주식손상차손	42,175		193,490	
기타수익비용	1,107,393		697,607	

위의 그림은 현대자동차의 2019년 말 사업보고서 재무제표 주석에서 찾은 영업활동현금흐름 조정 내역의 일부다. 매년 2조 5,000억 내외의 감가상각비가 발생하고 있다.

감가상각비는 기업의 영업 비용에 반영되어 영업이익과 지배지분순이익을 감소시킨다.

그러나 외부로 유출되는 비용이 아니기 때문에 감가상각비는 회사에 쌓이는 실제 현금이다. 자세한 내용은 현금흐름표 분석에서 다룰 예정이다.

(단위 : 백만원)

	2019년도	2018년도	2017년도
투자활동으로 인한 현금흐름	(5,929,184)	(2,415,064)	(4,744,413)
단기금융상품의 순증감	(5,610)	(232,528)	(253,493)
기타금융자산(유동)의 순증감	495,541	2,596,564	64,513
기타금융자산(비유동)의 감소	7,189	141,979	85,667
기타채권의 감소	51,417	79,241	210,881
장기금융상품의 감소	2,861	47	26
유형자산의 처분	85,901	105,116	118,138
무형자산의 처분	2,605	4,714	2,231
공동기업 및 관계기업투자의 처분	1,404		
종속기업의 취득	13,004	5,271	
기타금융자산(비유동)의 증가	(679,741)	(125,123)	(177,382)
기타채권의 증가	(49,631)	(56,755)	(218,411)
장기금융상품의 증가	(18,759)	(16,691)	(20,627)
유형자산의 취득	(3,586,716)	(3,226,486)	(3,055,023)
무형자산의 취득	(1,716,680)	(1,632,711)	(1,463,103)
사업결합으로 인한 순현금 유출			(1,784)
공동기업 및 관계기업투자의 취득	(588,541)	(61,772)	(80,144)
기타 투자활동으로 인한 현금유출입액	56,572	4,070	44,098

위의 그림은 현대자동차의 2019년 말 현금흐름표의 일부다. 이 회사는 투자활동현금흐름 중 유형자산 취득으로 매년 3조 이상의 현금 유출이 있었다. 많은 전문가들의 주장대로 감가상각비는 회사에 쌓이는 현금은 맞지만, 결코 공짜로 쌓이는 현금이 아님을 알 수 있다.

기업은 유형자산 취득에 필요한 자금을 외부에서 차입하거나 유상증자를 통해 주주에게 손을 빌리든, 내부 보유 현금을 사용했든 이미 지출한 것이다.

현실의 감가상각비는 이미 유형자산 취득에 사용된 현금을 감가상각 기간 동안 나눠서 회수하는 것이지, 절대 공짜로 쌓이는 현금이 아니라는 것을 알 수 있다.

:: 감가상각비와 다른 계정과목들의 상관관계 ::

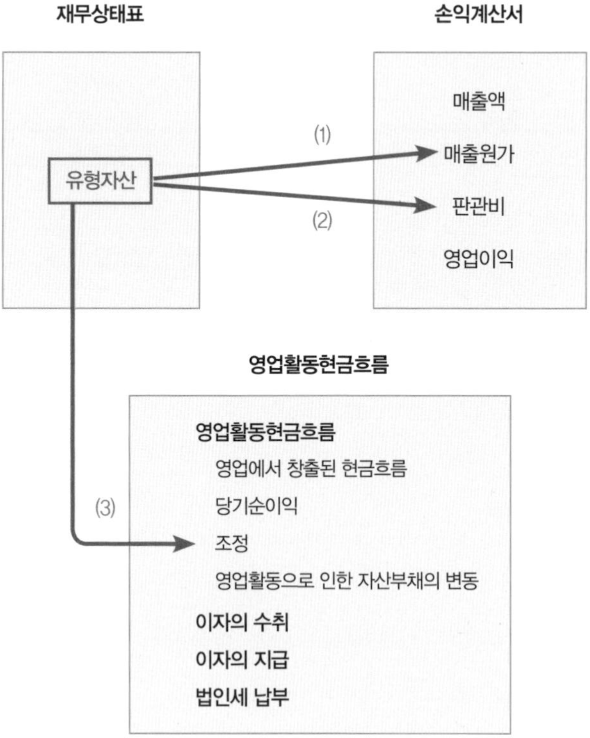

(1) 유형자산 중 생산설비와 생산공장에서 발생하는 감가상각비는 매출원가에 반영된다.

(2) 유형자산 중 본사 빌딩과 업무용 차량 등에서 발생하는 감가상각비는 판관비에 반영된다.

(3) 감가상각비는 영업활동현금흐름 조정 내역에 반영되어 영업활동현금흐름을 증가시킨다.

재무상태표 분석

재무상태표는 그 자체로 분석하는 것이 아니라 손익계산서상의 매출액 규모와 비교 분석해야 기업이 현재 여러 자산을 적정하게 보유하고 있는지 여부를 파악할 수 있다. 기업이 자산을 보유하는 이유는 결국 영업활동을 통해 매출을 일으키려는 것이다. 따라서 기업의 영업 성과인 매출액과 여러 자산의 규모를 비교해야 기업이 큰 문제없이 영업활동을 하고 있는지 파악할 수 있다.

유동자산은 크게 현금 및 현금성자산, 매출채권, 재고자산, 단기 금융자산, 기타 부분으로 구성되어 있다. **주식투자자는 현금 및 현금성자산, 매출채권, 재고자산, 단기 금융자산 4가지만 기억하면 된다.**

적으면 큰 걱정, 많아도 문제인 현금 및 현금성자산

기업은 일정 정도의 현금은 늘 손에 쥐고 있어야 한다. 회사 직원에게 급여도 지급해야 하고, 각종 원재료를 구입할 때마다 외부에서 차입하거나 기존 주주 대상으로 유상증자를 할 수 없기 때문이다. 반대로 너무 많은 현금을 손에 쥐고 가만히 앉아 있는 것은 기업이 자산을 효율적으로 운용하고 있지 못한 것이기도 하다.

주변 지인이 수익성 좋은 사업이 있으니 많은 돈을 벌게 해주겠다고 약속해서 투자하는 경우를 생각해보자. 그런데 막상 지인이 투자받은 자금으로 수익성이 좋다고 약속한 사업에는 전혀 투자하지 않고, 투자받은 현금 전부를 은행 예금으로 가지고 있다면 어떤 생각을 하겠는가?

투자를 잘못했다는 생각에 투자한 원금을 돌려받으려고 할 것이다. 우리는 되도록 많은 현금을 보유한 기업이 좋은 기업이라고 생각하기 쉽다. 물론 금융위기나 코로나19 등 국내외적으로 큰 위기가 발생했을 때 되도록 많은 현금을 보유한 기업이 안전한 것은 맞다.

그러나 그것은 예외적인 경우이며 평상시 기업은 적정한 현금만 보유하고 수익성 좋은 사업에 지속적으로 투자해야 한다.

기업의 매출 규모에 비해 너무 많거나 적지 않은 현금을 보유하고 있는 기업이 좋은 기업이다. 이를 테면 연간 매출액이 1조인 회사가 현금을 5,000억 가지고 있다면 지나치게 많은 현금을 보유하고 있다고 판단할 수 있고, 10억의 현금을 가지고 있다면 터무니없이 적은 현금을 보유하고 있어 문제가 있는 기업이라는 판단을 내릴 수 있다.

필자의 경험상 제조업 기준으로 정상적인 영업활동을 하는 기업들은 회계연도 말 기준, 대략 매출액 대비 7~15% 수준의 현금을 보유하고 있는 것이 적당하다.

연결 포괄손익계산서

제 25 기 2016.01.01 부터 2016.12.31 까지

제 24 기 2015.01.01 부터 2015.12.31 까지

제 23 기 2014.01.01 부터 2014.12.31 까지

(단위 : 원)

	제 25 기	제 24 기	제 23 기
Ⅰ.매출액	6,090,921,502	10,670,914,326	10,446,197,525
Ⅱ.매출원가	7,617,452,419	8,893,964,063	13,981,666,669
Ⅲ.매출총이익(손실)	(1,526,530,917)	1,776,950,263	(3,535,469,144)
Ⅳ.판매비와관리비	2,441,906,774	2,183,714,325	3,206,806,835
Ⅴ.영업이익(손실)	(3,968,437,691)	(406,764,062)	(6,742,275,979)

	제 25 기	제 24 기	제 23 기
자산			
Ⅰ.유동자산	3,766,865,633	4,788,511,026	5,549,342,789
(1)현금및현금성자산	239,654,138	212,192,342	389,504,277

위의 그림은 어느 상장기업의 매출액과 현금 및 현금성자산을 비교한 것이다. 이 기업은 매년 매출액 대비 대략 2~3% 수준의 현금을 보유하고 있으며, 매 회계연도 말에는 현금성자산을 2~3억 정도 보유하고 있다. 일반인에게 2~3억의 현금은 많은 돈이다. 그러나 상장기업의 경우에는 현금 및 현금성자산이 너무 적은 편이다.

종업원 1인당 급여를 400만 원이라고 가정하면, 2~3억은 50명에게 월급으로 줄 수 있는 현금 및 현금성자산이다. 직원에게 한 달치 월급을 주고 나면 현금이 바닥이 난다. 회사의 CEO는 매일 출근하자마자 현금을 구하러 다니는 일이 주요 일과일 것이다. 이처럼 기업이 보유하고 있는 현금 및 현금성자산의 규모만 봐도 부실기업인지 아닌지 쉽게 파악할 수 있다.

주식투자자들이 오해하기 쉬운 것 중 하나가 기업이 매년 벌어들이는 지배지분순이익을 전부 현금이라고 생각하는 것이다. 우리는 '상장 10대 대기업이 성장을 위한 투자를 하지 않고, 쌓아둔 내부 유보금만 수십 조'라는 뉴스를 자주 보곤 한다.

대표적인 재무안전성 지표인 유보율 계산에 이익잉여금을 인용하고, 지배지분순이익이 이익잉여금에 쌓이기 때문에 지배지분순이익을 전부 현금인 것으로 오해하는 것이다. 이익잉여금은 기업이 영업활동에 필요한 자금을 조달하는 방법 중 하나이며, 기업은 이익잉여금을 재원으로 이미 유/무형자산과 재고자산, 매출채권 등 자산의 여러 계정에 골고루 투자하고 있다. 그러므로 성장을 위한 투자를 하지 않고 있다는 뉴스는 잘못된 것이다.

따라서 이익잉여금이 전부 현금인 것은 아니며, 이익잉여금 규모와 비교할 때 실제 기업이 보유하고 있는 현금은 상당히 적을 수밖에 없다. 오히려 기업이 현재 보유하고 있는 현금 및 현금성자산은 실제로 현금이 유입되는 외부차입금이나 유상증자 등과 더 관련이 깊다.

:: 현금 및 현금성자산과 다른 계정과목들의 상관관계 ::

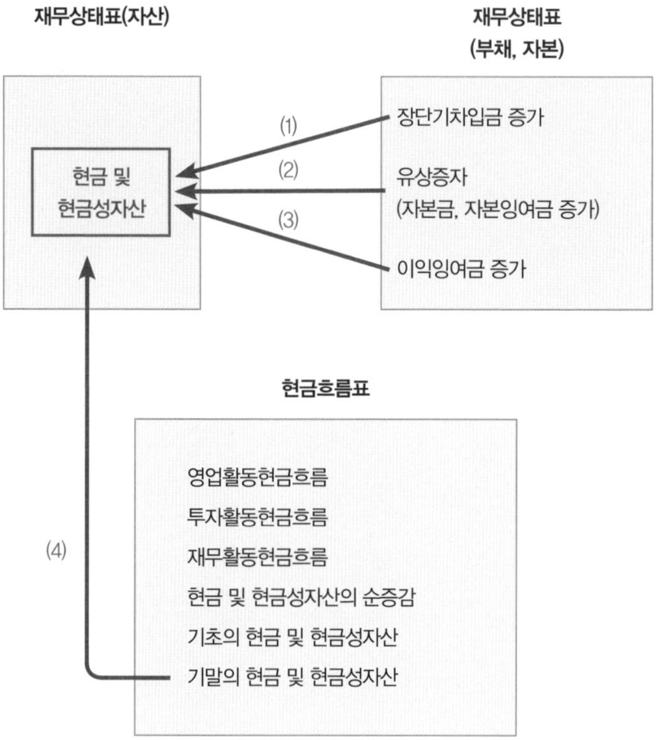

(1) 기업이 현금 및 현금성자산을 가장 쉽게 마련하는 방법 중 하나가 외부차입을 통한 부채의 증가다.

(2) 기업은 유상증자를 통해 대규모 현금 및 현금성자산을 조달한다.

(3) 이익잉여금의 현금 및 현금성자산 기여도는 생각보다 크지 않다.

(4) 회계연도 말 재무상태표의 현금 및 현금성자산은 현금흐름표에서 확인이 가능한 기말의 현금 및 현금성자산과 일치하게 된다.

기업이 겪고 있는 어려움을 알 수 있는 매출채권

매출채권은 기업이 제품을 판매할 때 외상으로 판 금액이다. 기업 간 거래에서는 신용거래가 기본이기 때문에 상장기업들은 매출채권을 일정 부분 가지고 있다. 따라서 기업의 매출이 증가하면 매출채권도 증가하는 것은 자연스러운 현상이다.

문제는 매출이 증가하지 않는 상황에서 매출채권이 길게는 전년 대비, 짧게는 전 분기 대비 가파르게 증가한 경우다. 그런 경우에는 그 원인이 무엇인지 그리고 증가한 매출채권을 향후 어떻게 회수할 것인지 반드시 파악해야 한다.

기업의 주식IR 담당자와의 전화 통화가 이를 파악하는 가장 빠르고 확실한 방법이다. 기업이 매출을 증가시키기 위해서 신용도가 확인이 안 된 신규 거래처나 신용도가 떨어지는 기존 거래처에 무리해서 제품을 팔았을 가능성이 있기 때문이다.

특히 회사의 CEO가 오너가 아닌 월급 사장인 경우, 자신의 재임 기간 동안 성과를 내기 위해 무리하게 제품을 판매했을 가능성이 높다.

:: 매출액과 비교해서 매출채권이 더 많이 증가한 기업의 사례 ::

연결 포괄손익계산서

제 59 기 2019.01.01 부터 2019.12.31 까지

제 58 기 2018.01.01 부터 2018.12.31 까지

제 57 기 2017.01.01 부터 2017.12.31 까지

(단위 : 원)

	제 59 기	제 58 기	제 57 기
매출액	543,580,958,422	469,355,767,365	458,483,886,034
매출원가	386,438,994,159	343,785,972,926	340,543,103,077
매출총이익	157,141,964,263	125,569,794,439	117,940,782,957
판매비와관리비	78,856,770,530	70,392,694,682	74,620,412,413
영업이익	78,285,193,733	55,177,099,757	43,320,370,544

위의 그림은 어느 상장기업의 2017년부터 2019년 말까지 연결손익계산서다. 부정적인 부분을 언급하고 있어 회사 이름은 밝히지 않겠다. 회사의 매출은 매년 증가하고 있고, 기업의 영업이익 또한 크게 증가하고 있다.

	제 59 기	제 58 기	제 57 기
자산			
유동자산	184,550,292,413	129,743,303,962	124,930,476,980
현금및현금성자산	87,480,148,505	53,114,940,270	49,289,291,183
단기금융자산	9,889,925,900	9,368,123,796	8,884,890,325
매출채권	53,609,812,134	39,329,646,575	38,781,704,051

앞쪽 아래 그림은 같은 회사의 재무상태표 매출채권 부분이다. 제57기와 제58기 모두 매출액 대비 매출채권 규모는 대략 8% 수준이었다. 그런데 영업이익이 크게 증가한 제59기 기업의 매출액 대비 매출채권의 규모는 10% 가까이로 증가했다.

이런 경우 주식투자자들은 상기 기업이 신용도를 제대로 확인하지 않고, 신규 거래처에 외상으로 제품을 팔았을 가능성을 의심해야 한다.

연결 재무상태표

제 60 기 반기말 2020.06.30 현재

제 59 기말 2019.12.31 현재

(단위 : 원)

	제 60 기 반기말	제 59 기말
자산		
유동자산	222,075,458,703	184,550,292,413
현금및현금성자산	117,216,547,173	87,480,148,505
단기금융자산	14,947,931,901	9,889,925,900
매출채권	42,901,003,589	53,609,812,134

위의 그림은 같은 회사의 다음 연도인 2020년 상반기 재무상태표의 일부분이다. 회사의 매출채권은 2019년 말보다 100억 가까이 감소했다. 그 원인이 회사의 매출액 감소 때문인지 확인해봤다. 대개는 매출이 감소하는 경우 매출채권도 함께 감소하기 때문이다.

연결 포괄손익계산서

제 60 기 반기 2020.01.01 부터 2020.06.30 까지

제 59 기 반기 2019.01.01 부터 2019.06.30 까지

(단위 : 원)

	제 60 기 반기		제 59 기 반기	
	3개월	누적	3개월	누적
매출액	174,087,900,755	330,472,318,755	133,686,777,102	254,073,065,116

이 회사의 매출액은 2020년 상반기에 전년 동기 대비 오히려 800억 가까이 증가했다. 매출채권이 감소한 이유는 다음과 같다.

(1) 매출채권 및 손실충당금

(단위 : 천원)

구 분	당반기말	전기말
매출채권	48,818,566	55,628,528
손실충당금	(5,917,562)	(2,018,716)
매출채권(순액)	42,901,004	53,609,812

이 회사는 2019년도 매출액에 비해 과도하게 증가한 매출채권 중 회수가 어려워진 매출채권에 대해서 손실충당금대손충당금으로 처리했다. 그 결과 매출채권이 감소했다. 손실충당금은 2019년 20억에서 2020년 상반기 59억으로 40억 가까이 증가했는데, 이는 매출채권이 감소한 가장 큰 원인이었다.

분석하고자 하는 상장기업이 중국 수출기업이라면, 반드시 매출채권 회수를 확인하자

다음의 내용은 20년 이상 증권회사에 근무하는 동안 기업 탐방을 다수 진행하면서 경험적으로 알게 된 사실이다. 참고로 중국에 수출하는 모든 기업이 겪고 있는 어려움은 절대 아니라는 점을 미리 분명하게 밝힌다.

그러나 중국에 제품을 수출하면서 매출채권을 회수하는 데 어려움을 겪는 기업을 어렵지 않게 볼 수 있었다.

연결 포괄손익계산서

제 25 기 3분기 2020.01.01 부터 2020.09.30 까지

제 24 기 3분기 2019.01.01 부터 2019.09.30 까지

(단위 : 원)

	제 25 기 3분기		제 24 기 3분기	
	3개월	누적	3개월	누적
수익(매출액)	31,845,813,485	62,018,756,075	8,456,777,577	39,632,196,892
매출원가	23,255,533,604	50,215,483,355	8,892,220,116	38,333,184,978
매출총이익	8,590,279,881	11,803,272,720	(435,442,539)	1,299,011,914
판매비와관리비	4,635,096,556	12,859,944,147	2,407,362,349	8,370,954,289
영업이익(손실)	3,955,183,325	(1,056,671,427)	(2,842,804,888)	(7,071,942,375)

위의 그림은 중국에 IT 관련 장비를 주로 수출하고 있는 기업의 2019년 3분기부터 2020년 3분기까지의 손익계산서다.

2020년 3분기 매출은 318억으로 전년 동기 84억에서 무려 200억

이상 급증했다. 그 결과 영업이익도 28억 적자에서 39억 흑자로 전환했다. 그러나 문제가 있다.

다음 그림을 보자.

연결 재무상태표

제 25 기 3분기말 2020.09.30 현재

제 24 기말 2019.12.31 현재

(단위 : 원)

	제 25 기 3분기말	제 24 기말
자산		
유동자산	48,763,765,479	64,187,394,433
현금및현금성자산	10,052,581,451	1,692,176,423
매출채권 및 기타수취채권	16,257,793,915	44,549,365,119
기타유동금융자산	4,039,365,000	3,388,386,579
기타유동자산	2,803,126,757	1,857,647,662
재고자산	15,610,898,356	12,699,818,650
비유동자산	39,678,499,090	22,256,238,138
기타비유동수취채권	22,192,525,541	326,246,261
기타비유동금융자산	74,504,700	2,346,616,820
유형자산	12,268,999,475	12,470,803,966
무형자산	2,250,566,986	2,064,971,363
관계기업에 대한 투자자산	1,805,796,456	1,671,727,872
이연법인세자산	1,025,023,609	3,303,050,584
사용권자산	61,082,323	72,821,272
자산총계	88,442,264,569	86,443,632,571

기업의 매출과 영업이익이 크게 늘어났으나, 2020년 3분기 말 매출채권은 2019년 말 445억에서 162억으로 크게 감소했다. 일반적인 상황

과 정반대였다. 대신 기타 비유동수취채권이 200억 이상 급증했다.

그 원인을 재무제표 주석에서 찾아봤다.

7-1. 매출채권(계약자산 포함) 및 기타수취채권의 내용

(단위 : 원)

구분	계정과목	당분기말			전기말		
		채권잔액	대손충당금	합계	채권잔액	대손충당금	합계
매출채권	매출채권	10,671,399,456	(524,080,831)	10,147,318,625	45,955,471,197	(1,955,293,386)	44,000,177,811
계약자산(*)	계약자산	30,262,602,926	(2,849,813,921)	27,412,789,005	-	-	-
기타수취채권 (유동성)	미수금	500,549,217	-	500,549,217	540,406,078	-	540,406,078
	미수수익	41,252,498	-	41,252,498	8,781,230	-	8,781,230
	소 계	541,801,715	-	541,801,715	549,187,308	-	549,187,308
기타수취채권 (비유동성)	보증금	348,410,111	-	348,410,111	326,246,261	-	326,246,261
합 계		41,824,214,208	(3,373,894,752)	38,450,319,456	46,830,904,766	(1,955,293,386)	44,875,611,380

(*) 당분기말 현재 계약자산에 포함된 금액은 과거회계기준에 따른 미청구계약 금액에 해당하는 채권의 합계액입니다.

위의 그림은 2020년 3분기 분기보고서 재무제표 주석에서 찾은 매출채권과 관련된 부분이다. 이 기업은 갑자기 매출채권을 대폭 줄이고 대신 계약자산미청구대금 274억을 새롭게 증가시켰다.

연결재무상태표에는 계약자산을 따로 기입하지 않았지만, 필자의 경험상 기타 비유동수취채권221억과 매출채권 및 기타 수취채권162억에 계약자산이 포함되어 있다고 판단할 수 있다. 계약자산은 사실 2020년 2분기 재무제표에서부터 나타나기 시작했다.

계속해서 다음의 그림을 보자.

7-1. 매출채권(계약자산 포함) 및 기타수취채권의 내용

(단위 : 원)

구분	계정과목	당반기말			전기말		
		채권잔액	대손충당금	합계	채권잔액	대손충당금	합계
매출채권	매출채권	18,385,938,673	(532,621,835)	17,853,316,838	45,955,471,197	(1,955,293,386)	44,000,177,811
계약자산(*)	계약자산	29,601,218,808	(2,730,913,078)	26,870,305,730	-	-	-
기타수취채권 (유동성)	미수금	389,989,214	-	389,989,214	540,406,078	-	540,406,078
	미수수익	26,908,780	-	26,908,780	8,781,230	-	8,781,230
	소 계	416,897,994	-	416,897,994	549,187,308	-	549,187,308
기타수취채권 (비유동성)	보증금	346,824,867	-	346,824,867	326,246,261	-	326,246,261
합 계		48,750,880,342	(3,263,534,913)	45,487,345,429	46,830,904,766	(1,955,293,386)	44,875,611,380

(*) 당반기말 현재 계약자산에 포함된 금액은 과거회계기준에 따른 미청구계약 금액
에 해당하는 채권의 합계액입니다.

위의 그림은 같은 회사의 2020년 상반기 재무제표 주석에서 찾은 매출채권에 대한 부분이다. 이미 매출채권 상당 부분을 계약자산으로 변경했다.

이 회사는 중국에 장비를 수출하면서 발생한 매출채권의 회수가 이런저런 이유로 어려워지자, 계약자산미청구대금으로 회계 처리를 변경한 것이 아닌가 생각이 된다.

기업은 추정에 의해 가치가 산정되는 항목에서 예상치 못한 변수가 발생한 경우 회계 처리를 변경할 수 있다. 결국 우려하던 일이 벌어진 것을 알 수 있다.

매출액 또는 손익구조 30%(대규모법인은 15%)이상 변동

1. 재무제표의 종류	연결			
2. 매출액 또는 손익구조변동내용(단위: 원)	당해사업연도	직전사업연도	증감금액	증감비율(%)
- 매출액(재화의 판매 및 용역의 제공에 따른 수익액에 한함)	78,099,391,660	62,978,527,684	15,120,863,976	24.0
- 영업이익	-12,355,836,099	-6,330,442,009	-6,025,394,090	-95.2
- 법인세비용차감전계속사업이익	-15,301,589,924	-9,127,570,193	-6,174,019,731	-67.6
- 당기순이익	-18,419,415,513	-11,091,239,079	-7,328,176,434	-66.1
- 대규모법인여부	미해당			
3. 재무현황(단위 : 원)	당해사업연도		직전사업연도	
- 자산총계	69,624,640,329		86,443,632,571	
- 부채총계	40,149,122,376		42,363,781,035	
- 자본총계	29,475,517,953		44,079,851,536	
- 자본금	3,716,129,100		3,570,765,500	
4. 매출액 또는 손익구조 변동 주요원인	회계추정의 변경으로 인한 영업이익 감소			

2021년 2월 이 기업은 2020년 실적과 관련해서 30% 변동공시를 했다. 상장기업은 결산 실적과 관련해서 매출액이나 손익에서 전년 대비 30% 이상의 변동이 생기면 변동공시를 하게 되어 있다. 변동공시 내용은 영업 적자의 확대였다. 이 기업은 주요 원인으로 '회계추정의 변경으로 인한 영업이익 감소'라고 밝혔다. 매출채권의 계약자산으로의 회계처리 변경과 관련이 있을 것이다.

이 책을 준비하는 시기에 2020년도 사업보고서가 아직 공시되지 않아서 정확한 내용은 파악하기 어렵지만, 매출채권에서 회계 처리를 변경한 계약자산의 상당 부분이 대금 회수가 불가능해지자 손실 처리대손상각한 것으로 예상된다.

이외에도 중국에 수출하는 중견기업, 특히 각종 IT 관련 장비를 수출하거나 현지에서 생산설비 공사를 해주는 기업들 중 매출채권이나 공사대금 회수에 어려움을 겪는 회사를 필자는 종종 발견하고 있다.

:: 매출채권과 다른 계정과목들의 상관관계 ::

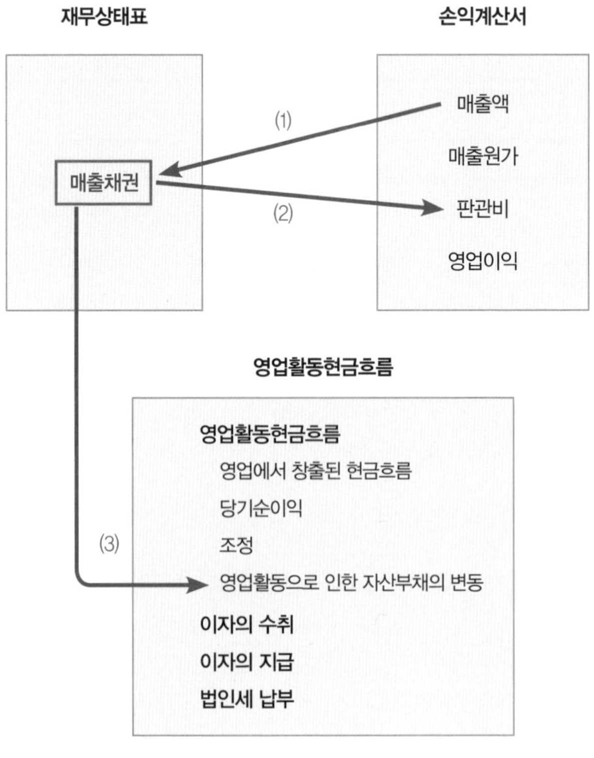

(1) 매출액이 증가하면 매출채권도 증가하는 일이 자연스러운 현상이다. 다만 매출 증가에 비해 매출채권의 증가 폭이 더 크다면, 그 이유를 확인해야 한다. 중국에 IT 관련 장비나 생산설비 공사를 해주는 기업 중 매출채권 회수에 어려움을 겪고 있는 회사들이 종종 있다.

(2) 회수가 불가능한 매출채권에 대한 대손상각비는 기업의 판매비와 관리비에 비용으로 포함된다.

(3) 매출채권의 증가는 영업활동현금흐름에 마이너스 영향을, 매출채권 감소는 영업활동현금흐름에 플러스 영향을 미친다.

어떤 기업에게는 재고자산의 증가가 반갑다

기업의 규모가 커지면 매출이 늘어나고 재고자산도 증가하는 일은 자연스러운 것이다. 동일한 제품을 100개 판매하는 회사와 1,000개 판매하는 회사의 재고자산이 같을 수는 없다.

일반적인 기업의 경우 매출채권과 마찬가지로 매출이 증가하지 않는 상황에서 재고자산이 갑자기 크게 증가한다면, 그 원인이 무엇인지 직접 회사를 통해 확인해야 한다. 제품 판매가 증가할 것으로 전망해 제품생산량을 늘렸는데, 실제 판매가 증가하지 못해 재고자산이 쌓이는 경우일 가능성이 높기 때문이다.

반대로 재고자산이 너무 적은 기업도 문제가 될 수 있다. 갑자기 기업의 제품이 잘 팔리는 경우 늘어나는 제품 수요에 적절히 대응하지 못하는 일이 발생하기 때문이다. 기업의 재고자산은 매출액과 비교해서 조화와 균형이 필요한 항목이다. 제조 업종의 경우 평균적으로 매출액의 10~15% 수준의 재고자산을 가지고 있는 경우가 많다.

매출채권이나 재고자산은 기업의 이익 및 영업활동현금흐름과 직결되기 때문에, 주식투자자들은 주식을 보유하고 있는 기업에 큰 숫자적인 변화가 생기면, 그 원인을 정확하게 체크하는 습관을 길러야 한다.

'재고자산 증가를 통한 매출원가 개선'이라는 주장에 대한 정리

기업이 재고자산을 통해 매출원가 개선을 통한 영업이익을 부풀릴 수 있다는 설명을 종종 접하는 경우가 있다. 기업의 전체 매출에서 매출원가와 판관비를 제외하고 영업이익을 계산할 수 있다. 기업이 매출원가를 낮추면 낮출수록 영업이익이 증가하게 되는 것이다.

먼저 매출원가를 계산하는 공식을 알아보자.

매출원가 = 기초 재고자산 + 당기 제품 생산비용 - 기말 재고자산

기업의 매출이 증가하지 않는 상황에서 제품을 많이 생산해서 기말 재고자산으로 보유하고 있으면, 기업의 매출원가가 낮아져서 영업이익이 증가할 수 있다. 이처럼 재고자산은 유동자산으로 분류되어 기업의 자산 증가와 동시에 유동비율유동자산/유동부채을 개선시키는 효과가 있기 때문에, 그런 기업을 조심해야 한다는 주장이다. 과연 재고자산을 통한 매출원가 낮추기가 가능할까?

일단 결론부터 말하면, 기업의 현실은 전혀 그렇지 못하다. 그런 설명은 매출원가 계산 공식 중 매출원가 차감 부분인 기말 재고자산에만 집중한 잘못된 생각에서 비롯된 주장이다.

기말 재고자산을 증가시키기 위한 당기 제품 생산비용도 동시에 증가하기 때문에 단순히 재고자산을 늘린다고 매출원가가 낮아지지는 않는다.

매출원가 = 기초 재고자산 + 당기 제품 생산비용 - 기말 재고자산 ← 효과 없음

(증가) (증가)

기말 재고자산이 증가하면 유동자산이 증가하는 것은 맞지만 '자산 = 자본 + 부채' 공식에 의해서 반대로 현금 자산이 감소하거나 부채외부차입나 자본유상증자도 동시에 증가해야 한다. 재고자산을 증가시키기 위해서는 제품을 생산하는 데 필요한 자금을 어떻게든 조달해야 하기 때문이다.

결국, (1) 유상증자가 아닌 이상 재고자산유동자산 증가만큼 현금자산유동자산 감소이 감소하거나 외부차입금으로 부채가 늘어나게 되어 유동비율 개선 효과가 없다. 여기에 더해 (2) 영업활동현금흐름에 마이너스 효과를 주어 재고자산이 증가하는 만큼 기업의 실제 현금흐름은 악화된다. 또한 (3) 연말 재고자산은 실제 가치를 반영해서 가치가 하락한 부

분을 재고자산평가충당금매출원가에 비용으로 반영을 쌓아야 한다. 결과적으로 얻는 것보다 잃는 것이 많아진다.

기말 재고자산 증가를 통한 매출원가 개선 및 영업이익 증가와 관련된 다음과 같은 주장도 있다. '매출원가 = 기초 재고자산 + 당기 제품생산 비용 - 기말 재고자산'의 등식은 다음과 같이 바꿀 수 있다.

기초 재고자산 + 당기 제품 생산비용 = 매출원가 + 기말 재고자산

등식의 왼쪽은 전년도에 생산했으나 판매가 되지 않아 이월된 제품기초 재고자산과 당해 연도 제품 생산에 들어간 비용의 합계다. 이는 당연히 등식 오른쪽의 판매가 된 제품매출원가과 연말까지 판매가 되지 않은 제품기말 재고자산의 합과 일치한다. 따라서 기말 재고자산이 증가할수록 매출원가가 낮아져서 기업의 영업이익이 증가한다는 주장이다.

꼼꼼하게 들여다보지 않으면 맞는 주장처럼 보인다. 과연 타당한 주장인지 예를 들어서 살펴보자.

'분식회계전문'이라는 기업이 있다고 가정해보자. 반도체 장비를 생산하고 있는 '분식회계전문' 회사의 CEO는 장비를 최대한 많이 만들어서 기말 재고로 쌓아두면 매출원가가 낮아져서 기업의 영업이익이 증가한다는 '기초 재고자산 + 당기 제품생산 비용 = 매출원가 + 기말 재고자산' 등식을 확신했다. 그래서 실제로 2020년 말 재고자산을 전년보다 최대한 늘리기로 결정했다.

그러나 회사 CEO의 기대와는 정반대로 영업이익이 증가하지 못하고 오히려 감소하는 결과가 나왔다. 깜짝 놀란 '분식회계전문' 회사의 CEO는 1년간의 영업활동을 통한 매출원가를 분석한 결과, 다음과 같은 사실을 깨닫게 되었다.

계산의 편의를 위해서 반도체 장비 대당 생산 비용은 1억, 재고자산 역시 대당 1억, 반도체 장비 판매 금액은 대당 2억으로 하고 다른 비용은 없는 것으로 가정했다.

:: 2020년도 '분식회계전문' 기업의 반도체 장비 매출원가 ::

기초 재고자산 10억(10대) + 당기 제품 생산비용 90억(90대)	→	매출원가 40억(40대) + 기말 재고자산 60억(60대)

참고로 2019년 '분식회계전문' 기업은 반도체 장비 총 100대 중 90대를 팔아 매출액 180억90대 × 2억, 영업이익 90억매출액 180억 - 매출원가 90억의 실적을 달성했고, 기말 재고자산은 10억반도체 장비 10대이었다.

2020년 실적은 반도체 장비 40대를 팔아서 매출액 80억40대 × 2억, 영업이익 40억매출액 80억 - 매출원가 40억, 기말 재고자산 60억반도체 장비 60대이었다. '분식회계전문' 기업의 CEO는 기말 재고자산이 증가할수록 매출원가가 낮아지기는 하지만, 제품 판매 금액도 그 이상으로 감소해 기업의 매출액과 이익이 오히려 감소한다는 사실을 미처 깨닫지 못한 것이다. 이는 재무제표 이론에만 너무 집중한 결과였다.

매출액 동시 감소

기초 재고자산 + 당기 제품 생산비용 = 매출원가 + 기말 재고자산

(감소) (증가)

과거 일부 문제 기업이 기말 재고자산 증가를 통한 매출원가 감소, 영업이익 증가라는 성과를 실제로 해낸 적이 있었다. 이미 사라진 모뉴엘은 가공의 매출채권해외 수출을 만들어 은행에 할인 매각하는 방법으로 가공의 매출과 이익을 만들어낸 적이 있었다. 당시 기업의 재고자산은 매년 크게 증가했고, 당연히 매출원가는 낮아질 수 있었다.

이론적으로는 기업이 기말 재고자산을 늘려서 매출원가를 감소시키고, 동시에 감소하는 매출액은 다음 연도에 귀속되는 매출을 미리 끌어와서 매출 감소를 방어하며 영업이익을 증가시킬 수는 있다.

이런 행위는 '오늘만 살고, 내일은 없다'라는 극단적인 생각을 가진 극히 일부 문제 기업에서 벌어지는 일이며, 정상적으로 영업활동을 하는 기업에서는 있을 수 없는 일이다. 제품을 많이 생산했는데 예상보다 잘 팔리지 않아서 기말 재고자산이 증가하면, 매출도 줄고 이익도 줄어드는 것이 일반적이다.

재고자산이 많을수록 좋은 회사

조선, 풍력발전, 반도체 장비 등 수주를 바탕으로 하는 기업의 경우 재고자산의 증가는 긍정적인 경우도 많다. 반도체 장비회사를 예로 들면 이렇다.

재고자산이 많다는 의미는 고객으로부터 주문을 받아서 현재 제작 중이거나, 납품 대기 중인 재고자산이 많다는 것을 의미한다.

단일판매·공급계약 체결(자율공시)

1. 판매·공급계약 내용		반도체 제조장비 공급계약
2. 계약내역	조건부 계약여부	미해당
	확정 계약금액	13,224,540,000
	조건부 계약금액	-
	계약금액 총액(원)	13,224,540,000
	최근 매출액(원)	220,177,523,746
	매출액 대비(%)	6.01
3. 계약상대방		Micron Memory Japan, G.K Micron Memory Taiwan Co.,Ltd.
-최근 매출액(원)		27,283,203,900,000
-주요사업		NOR Flash, NAND Flash 등 반도체 제조
-회사와의 관계		-
-회사와 최근 3년간 동종계약 이행여부		해당
4. 판매·공급지역		일본,대만
5. 계약기간	시작일	2020-03-09
	종료일	2020-09-15
6. 주요 계약조건		-
7. 판매·공급방식	자체생산	해당
	외주생산	미해당
	기타	-
8. 계약(수주)일자		2020-03-09
9. 기타 투자판단에 참고할 사항		
-최근 매출액은 2018년말 연결기준 입니다. -상기 계약금액 USD 11,100,000의 적용환율은 USD1,191.40 입니다.(3/9 매매기준율)		
※ 관련공시	-	

위의 그림은 반도체 장비 제조회사인 유진테크의 2020년 3월 10일 반도체 장비 공급계약을 공시한 내용이다.

확정계약 금액이 132억이며, 계약 기간은 2020년 3월 9일부터 9월 15일까지이다. 대부분의 반도체 장비 공급계약은 계약금과 중도금 일부, 반도체 장비를 제작해 설치해주면 잔금을 주는 조건이며, 이는 아파트 매매계약과 비슷하다.

계약 기간의 시작은 1분기, 종료는 3분기에 걸쳐 있다. 위 계약의 매출 인식은 계약금은 1분기, 중도금은 2분기, 잔금의 매출 인식은 3분기일 가능성이 높다.

다음의 그림을 보면 좀 더 이해하기 쉬울 것이다.

:: 유진테크의 반도체 장비 공급계약 : 총 금액 132억 ::

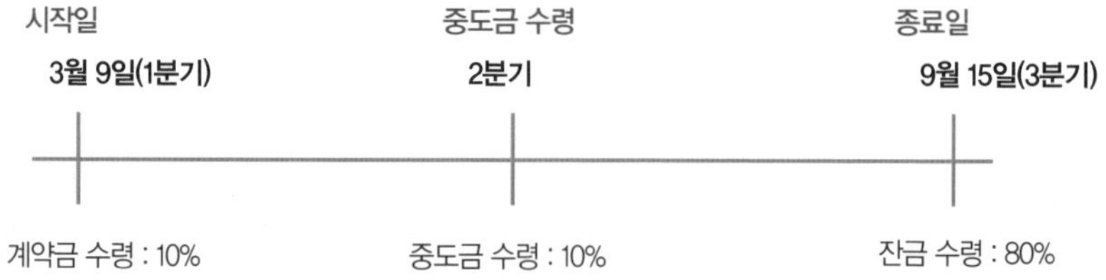

만일 계약금, 중도금, 잔금을 위와 같이 지급하는 반도체 장비 공급계약이고 유진테크는 8월 말까지 장비 생산을 완료해 납품 대기 중인 상태라고 하자.

그렇다면 위의 계약으로부터 발생하는 유진테크의 2020년 1분기와 2분기 매출은 각각 13.2억이며, 2분기 말 재고자산은 105.6억이 된다.

이런 식의 반도체 장비 공급계약이 많을수록 유진테크의 2분기 말 재고자산은 증가하고, 재고자산이 증가하는 만큼 3분기의 매출과 이익은 증가하게 된다.

연결 재무상태표

제 16 기 1분기말 2017.03.31 현재
제 15 기말 2016.12.31 현재
제 14 기말 2015.12.31 현재

(단위 : 원)

	제 16 기 1분기말	제 15 기말	제 14 기말
자산			
유동자산	115,185,190,486	105,333,028,029	92,679,144,194
현금및현금성자산	6,920,642,122	6,523,497,906	14,073,595,077
매출채권	55,990,926,951	58,280,827,436	38,893,677,321
기타유동금융자산	5,269,064,501	3,591,860,341	736,571,956
당기법인세자산	39,302,520		9,250
기타유동자산	2,885,781,412	1,826,257,940	1,381,020,299
유동성파생상품자산	7,386,710,393	952,236,084	329,604,962
재고자산	36,692,762,587	34,158,348,322	37,264,665,329

위의 그림은 반도체 후 공정 장비를 생산하고 있는 테크윙의 2017년 1분기 말 현재 재고자산을 보여주고 있다. 현재 재고자산은 366억으로 2016년 말, 2015년 말 재고자산과 비교해서 큰 변화가 없다.

2017년 1분기 말 재고자산을 반영한 2017년 2분기까지의 테크윙 실적은 어땠는지, 다음 그림에서 살펴보자.

연결 포괄손익계산서

제 16 기 반기 2017.01.01 부터 2017.06.30 까지

제 15 기 반기 2016.01.01 부터 2016.06.30 까지

(단위 : 원)

	제 16 기 반기		제 15 기 반기	
	3개월	누적	3개월	누적
매출액	45,291,710,757	76,125,211,154	50,221,472,802	82,333,066,065
매출원가	28,155,048,678	48,444,937,079	31,078,625,378	50,432,663,908
매출총이익	17,136,662,079	27,680,274,075	19,142,847,424	31,900,402,157
판매비와관리비	8,175,717,370	15,315,403,781	6,404,885,474	12,446,623,696
영업이익	8,960,944,709	12,364,870,294	12,737,961,950	19,453,778,461

테크윙의 2017년 2분기 매출은 452억, 영업이익은 89억으로 전년 동기인 2016년 2분기에 비해서 실적이 감소했다.

다음의 그림을 보자.

연결 재무상태표

제 16 기 반기말 2017.06.30 현재

제 15 기말 2016.12.31 현재

(단위 : 원)

	제 16 기 반기말	제 15 기말
자산		
유동자산	137,441,731,515	105,333,028,029
현금및현금성자산	9,106,903,943	6,523,497,906
매출채권	67,684,833,376	58,280,827,436
기타유동금융자산	5,726,837,362	3,591,860,341
당기법인세자산	615,050	
기타유동자산	4,526,719,518	1,826,257,940
유동성 파생상품자산	4,265,064,107	952,236,084
재고자산	46,130,758,159	34,158,348,322

2017년 2분기 말그림에서는 반기 말로 표기함 재고자산은 461억으로, 전년도 말 341억보다 120억 증가했다. 2분기 말 재고자산을 반영한 3분기 실적이 기대가 된다.

3분기 실적을 다음 그림에서 살펴보자.

연결 포괄손익계산서

제 16 기 3분기 2017.01.01 부터 2017.09.30 까지

제 15 기 3분기 2016.01.01 부터 2016.09.30 까지

(단위 : 원)

	제 16 기 3분기		제 15 기 3분기	
	3개월	누적	3개월	누적
수익(매출액)	74,015,528,351	150,140,739,505	32,768,189,668	115,101,255,733
매출원가	47,914,313,554	96,359,250,633	20,977,906,807	71,410,570,715
매출총이익	26,101,214,797	53,781,488,872	11,790,282,861	43,690,685,018
판매비와관리비	9,250,146,576	24,565,550,357	6,957,163,919	19,403,787,615
영업이익(손실)	16,851,068,221	29,215,938,515	4,833,118,942	24,286,897,403

테크윙의 2017년 3분기 매출액과 영업이익 모두 전년 동기 대비 급증했다. 2분기 재고자산 증가의 효과가 나타났다고 볼 수 있다.

3분기 말 재고자산은 어땠는지, 다음 그림을 보자.

연결 재무상태표

제 16 기 3분기말 2017.09.30 현재

제 15 기말 2016.12.31 현재

(단위 : 원)

	제 16 기 3분기말	제 15 기말
자산		
유동자산	165,240,923,490	105,333,028,029
현금및현금성자산	13,517,703,075	6,523,497,906
매출채권	76,738,203,765	58,280,827,436
기타유동금융자산	7,676,795,558	3,591,860,341
당기법인세자산	32,476,478	
기타유동자산	4,658,272,368	1,826,257,940
유동파생상품자산	3,130,514,147	952,236,084
재고자산	59,486,958,099	34,158,348,322

3분기 말 재고자산은 594억으로 2016년 말 341억과 비교해서 250억 이상 급증했다. 실적이 크게 개선된 2017년 2분기보다 재고자산이 더 많이 증가했다.

2017년도 4분기모든 상장 기업은 4분기 실적을 포함한 결산보고서를 공시한다 실적이 더더욱 기대가 된다.

연결 포괄손익계산서

제 16 기 2017.01.01 부터 2017.12.31 까지

제 15 기 2016.01.01 부터 2016.12.31 까지

제 14 기 2015.01.01 부터 2015.12.31 까지

(단위 : 원)

	제 16 기	제 15 기	제 14 기
수익(매출액)	222,772,282,250	141,979,321,639	136,031,630,056
매출원가	144,537,669,808	90,464,290,843	90,542,681,353
매출총이익	78,234,612,442	51,515,030,796	45,488,948,703
판매비와관리비	36,718,623,973	28,422,400,051	22,210,493,154
영업이익(손실)	41,515,988,469	23,092,630,745	23,278,455,549

테크윙의 2017년 4분기 실적은 매출액 726억2,227~1,501억, 영업이익은 123억415~292억으로 역시 크게 증가했다. 이렇게 수주를 바탕으로 하는 테크윙의 경우 재고자산의 증가는 다음 분기 매출과 이익의 증가로 이어지고 있다. 항상 그런 결과가 나온다면 주식투자는 아주 쉬워질 것이다. 수주를 바탕으로 하는 기업 중 재고자산이 증가하는 회사의 주식을 매수하면, 다음 분기에는 무조건 매출과 이익의 증가로 주가도 상승할 것이다.

그러나 실제 기업의 재무제표는 그렇지가 못하다. 재고자산의 증가가 오히려 어려운 영업 상황의 결과이고, 다음 분기 매출과 이익 모두 감소하는 경우도 아주 많다.

심지어 같은 회사라도 어떤 시기에는 재고자산의 증가가 다음 분기 매출과 이익의 증가로 이어지는 경우도 있고, 다른 시기에는 재고자산의 증가가 악화된 영업 상황을 반영하는 경우도 있다.

그 결과 재고자산의 증가로 다음 분기에는 매출과 이익 모두 감소하기도 한다.

연결 재무상태표

제 17 기 1분기말 2018.03.31 현재

제 16 기말 2017.12.31 현재

(단위 : 원)

	제 17 기 1분기말	제 16 기말
자산		
유동자산	169,216,703,004	175,708,976,871
현금및현금성자산	15,227,223,999	11,351,261,793
매출채권	67,463,155,622	86,409,741,240
기타유동금융자산	13,444,214,851	13,699,611,836
당기법인세자산	13,728,360	
기타유동자산	5,694,151,031	2,947,635,431
유동성파생상품자산	3,022,332,114	10,742,509,873
재고자산	64,351,897,027	50,558,216,698

위의 그림은 2018년 1분기 말 테크윙의 재무상태표 일부다. 재고자산이 2017년 말보다 140억 정도 증가했다. 2017년도 테크윙이 보여줬던 재고자산과 매출액 및 영업이익 증가의 상관관계를 고려할 때, 2018년 2분기 테크윙의 매출액과 영업이익이 기대되는 상황이다.

다음의 그림을 살펴보자.

연결 포괄손익계산서

제 17 기 반기 2018.01.01 부터 2018.06.30 까지

제 16 기 반기 2017.01.01 부터 2017.06.30 까지

(단위 : 원)

	제 17 기 반기		제 16 기 반기	
	3개월	누적	3개월	누적
수익(매출액)	47,874,071,533	89,009,151,466	45,291,710,757	76,125,211,154
매출원가	32,515,341,079	58,493,970,528	28,155,048,678	48,444,937,079
매출총이익	15,358,730,454	30,515,180,938	17,136,662,079	27,680,274,075
판매비와관리비	9,341,829,710	18,685,879,395	8,175,717,370	15,315,403,781
영업이익(손실)	6,016,900,744	11,829,301,543	8,960,944,709	12,364,870,294

위의 그림은 테크윙의 2018년도 상반기 손익계산서 일부분이다. 2분기3개월 실적만 놓고 보면, 기업의 매출액은 2017년보다 25억 정도 증가했는데, 영업이익은 89억에서 60억으로 오히려 29억 감소했다.

연결 재무상태표

제 17 기 반기말 2018.06.30 현재

제 16 기말 2017.12.31 현재

(단위 : 원)

	제 17 기 반기말	제 16 기말
자산		
유동자산	157,587,324,653	175,708,976,871
현금및현금성자산	15,025,872,875	11,351,261,793
매출채권	56,483,618,013	86,409,741,240
기타유동금융자산	15,593,118,890	13,699,611,836
기타유동자산	4,908,154,984	2,947,635,431
유동성파생상품자산	1,240,475,632	10,742,509,873
재고자산	64,336,084,259	50,558,216,698

앞쪽 아래 그림은 2018년 상반기 말 테크윙의 재고자산을 보여주고 있다. 2017년 말에 비해서 140억 정도 증가했다. 2017년도 상황이 이어진다면, 2018년 3분기 테크윙의 매출과 영업이익은 증가해야 한다.

연결 포괄손익계산서

제 17 기 3분기 2018.01.01 부터 2018.09.30 까지

제 16 기 3분기 2017.01.01 부터 2017.09.30 까지

(단위 : 원)

	제 17 기 3분기		제 16 기 3분기	
	3개월	누적	3개월	누적
수익(매출액)	52,314,413,223	141,323,564,689	74,015,528,351	150,140,739,505
매출원가	33,870,804,528	92,364,775,056	47,914,313,554	96,359,250,633
매출총이익	18,443,608,695	48,958,789,633	26,101,214,797	53,781,488,872
판매비와관리비	9,998,942,120	28,684,821,515	9,250,146,576	24,565,550,357
영업이익(손실)	8,444,666,575	20,273,968,118	16,851,068,221	29,215,938,515

2018년 3분기 테크윙의 매출액은 전년 동기 740억에서 523억으로 200억 이상 감소했고, 영업이익은 168억에서 84억으로 정확하게 50% 급감했다. 불과 3개월 만에 테크윙의 재고자산 증가는 매출액과 영업이익 감소로 바뀌었다.

재무제표만 분석해서는 기업의 영업 상황 파악이 어려운 경우다. 이유는 다음과 같다.

단일판매 · 공급계약 체결(자율공시)

1. 판매 · 공급계약 내용		반도체 검사장비 공급계약 체결
2. 계약내역	조건부 계약여부	미해당
	확정 계약금액	3,179,537,000
	조건부 계약금액	-
	계약금액 총액(원)	3,179,537,000
	최근 매출액(원)	186,865,005,850
	매출액 대비(%)	1.70
3. 계약상대방		Micron Memory Malaysia SDN. BHD.
-최근 매출액(원)		-
-주요사업		반도체 제조 및 판매
-회사와의 관계		-
-회사와 최근 3년간 동종계약 이행여부		해당
4. 판매 · 공급지역		Malaysia(말레이시아)
5. 계약기간	시작일	2020-09-21
	종료일	2021-01-04
6. 주요 계약조건		-
7. 판매 · 공급방식	자체생산	해당
	외주생산	미해당
	기타	-
8. 계약(수주)일자		2020-09-21

위의 그림은 테크윙의 반도체 장비 공급계약 공시 내용이다. 상장기업은 제품 공급계약을 맺으면 수시로 공시를 하고 있다. 공급계약 관련 공시에는 의무공시와 자율공시가 있다. **공급계약 금액이 전년도 전체 매출 대비 10% 이상이면 의무공시 사항이고, 10% 미만은 자율공시다.** 위의 계약 금액은 전년도 전체 매출액의 1.7%로 자율공시에 해당한다.

주식투자자들은 상장기업의 제품 공급계약 체결을 확정된 매출로 생각하기 쉽다. 위의 공급계약에도 '확정 계약금액'이라고 마치 공급계약이 확정된 것처럼 기재했다. 따라서 대부분의 주식투자자들은 상장기업이 공급계약을 공시하면, 기업의 매출과 이익이 증가할 것으로 기대한다.

그러나 상장기업의 공급계약은 대부분 법적 구속력이 없는 양해각서 MOU 형식이며, 제품을 공급받는 기업은 회사의 사정에 따라 얼마든지 계약 금액과 공급받는 시기를 변경할 수 있다. 공급계약에 변화가 생기면 상장기업은 기존의 제품 공급계약 중 변경된 내용을 수시로 정정공시하고 있다.

정정신고(보고)

정정일자	2019-04-17

1. 정정관련 공시서류	단일판매 공급계약 체결		
2. 정정관련 공시서류제출일	2018.09.18		
3. 정정사유	고객사 요청에 따른 공급완료일자 정정		
4. 정정사항			
정정항목	정정전	정정후	
5.계약기간, 종료일	2019.04.23	2019.05.20	

위의 그림은 테크윙의 기존 공급계약에 대한 정정공시다. 공급완료일자가 대략 한 달 정도 연기가 되었다. 반도체 경기가 나빠지자, 반도체회사가 기존 반도체 공급계약 장비의 실제 납품받는 시기를 연기한 것이다. 이처럼 반도체회사는 반도체 경기 상황에 따라 수시로 반도체 장비 납품 일정을 조절하고 있다.

수주를 근간으로 하는 기업의 정상적인 상황에서의 재고자산 증가는 매출과 이익 증가로 이어지는 경우가 많다. 그러나 해당 업종의 경기가 갑자기 나빠지면, 제품 공급시기 지연으로 재고자산이 쌓여 오히려 실적이 나빠지는 상황일 수 있다.

그렇다면 반도체회사가 반도체 경기 둔화를 이유로 공급계약 자체를 파기할 수 있을까?

물론 MOU 형태의 계약은 파기가 가능하다. 그러나 공급계약에 페널티 조항을 넣어서 계약 자체를 파기하면 위약금을 물어야 하기 때문에 계약 자체를 파기하는 경우는 거의 없고, 위약금을 물지 않아도 되는 공급 시기를 늦추는 경우가 많다.

이를 다르게 해석하면, 반도체 경기가 다시 좋아지면 그동안 쌓였던 재고자산이 매출로 인식되면서 반도체 장비회사의 실적이 급격하게 좋아지는 상황이 올 거라 볼 수 있다.

그렇다면 재무제표 분석으로 쌓이는 재고자산이 매출과 이익의 증가로 이어질지, 아니면 오히려 악화된 영업 상황을 반영하는 것인지 미리 파악할 수 있을까?

당연히 불가능하다. 위에서 예로 든 테크윙의 경우처럼 단지 3개월 만에 재고자산과 관련된 상황이 급변하는 것을 재무제표 분석만으로 파악하는 일은 불가능하다. 반도체 시황과 관련된 뉴스나 자료를 검토하고 회사에 전화해서 주식IR 담당자에게 직접 확인하는 방법이 가장 확실하다.

:: 재고자산과 다른 계정과목들의 상관관계 ::

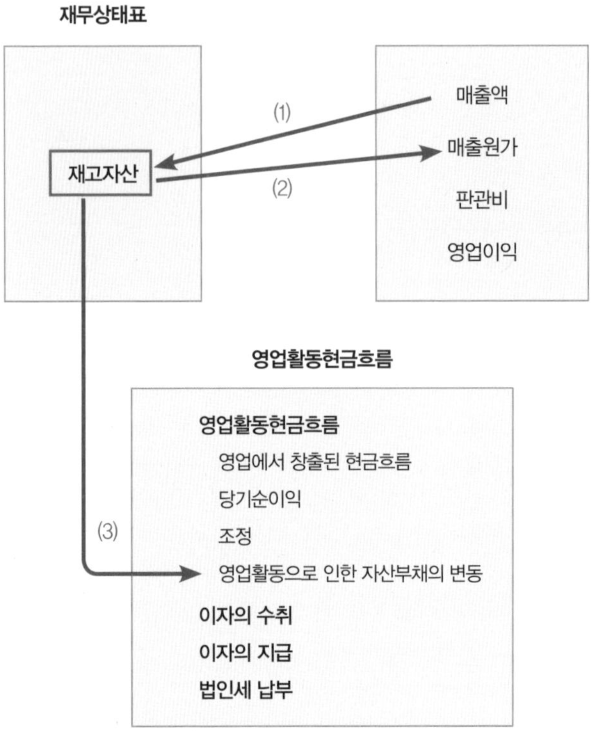

(1) 매출액이 증가하면 재고자산도 증가하는 일은 자연스러운 현상이다. 다만 매출 증가에 비해 재고자산의 증가 폭이 더 크다면, 반드시 그 이유를 확인해야 한다. 매출액 부풀리기 없이, 재고자산의 증가를 통해 매출원가를 줄이는 일은 불가능하다.

(2) 기말 재고자산의 가치가 하락한 만큼 기업은 재고자산평가충당금을 설정하며, 기업의 매출원가에 비용으로 반영시킨다.

(3) 재고자산의 증가는 영업활동현금흐름에 마이너스 영향을, 재고자산 감소는 영업활동현금흐름에 플러스 영향을 미친다.

단기, 장기 금융자산이 많은 회사 이해하기

단기 금융자산은 1년 미만의 금융상품에 가입한 것을 말한다. 단기 금융자산이 많은 기업은 그동안 꾸준히 이익을 낸 회사다. 그러므로 매출채권이나 재고자산 관리도 예측할 수 있도록 효율적으로 운영하고 있어서 여유자금을 금융상품에 투자한 회사라고 판단할 수 있다.

한편으로는 현재 마땅한 신규 투자처를 찾지 못해 추가적인 성장을 고민하고 있다고 해석할 수도 있다.

장기 금융자산은 1년 이상의 금융상품에 가입한 자산이다. 기업은 자금 사정에 따라, 장단기 금융상품 투자로 기업의 수익을 극대화하고자 한다.

장기 금융자산이 많은 기업은 그동안 영업활동으로 많은 이익을 낸 회사이며 운전자금에 아무런 문제가 없음을 의미한다.

(단위 : 천원)

구 분	당분기말	전기말
현금및현금성자산	201,774,974	114,321,552
매출채권및기타채권	57,293,727	48,880,349
단기금융상품	274,985,158	248,404,479
유동성장기금융상품	156,512,606	302,456,947
장기금융상품	17,796	17,628
기타금융자산-비유동	2,255,365	2,467,836
합계	692,839,626	716,548,791

위의 그림은 사무용기기 전문기업인 신도리코의 금융자산 현황이다. 현금성자산 2,000억, 금융자산 4,000억 등 총 7,000억 내외의 금융자산을 가지고 있다.

신도리코의 매출액연간 4~5,000억이나 시가총액2021년 2월 17일 현재 3,000억에 비해 아주 많은 금융자산을 보유하고 있다. 이는 기존 사업의 성장이 한계에 다다른 상황이라고 볼 수 있다.

그러나 항상 그렇다고 말할 수도 없다. 회사의 매출이나 이익 규모에 비해 금융자산이 많은 회사도 있기 때문이다.

회사가 여유 자금을 많이 가지고 있다고 해서 손쉽게 새로운 사업을 할 수 있는 것은 아니다. 회사가 여유 자금이 많다는 이유로 본업과 전혀 상관관계가 없는 사업에 새롭게 진출한다면 오히려 잘못된 투자 결정일 수 있다.

기업의 핵심 자산인 유형자산 파악하기

필자가 재무상태표 비유동자산에서 중요하게 살펴보는 항목은 바로 유형자산이다. 그 이유는 매출을 일으키는 원천이 유형자산이기 때문이다.

유형자산은 토지와 건물, 기계장치, 차량 등 기업이 제품이나 서비스를 생산하는 데 이용하는 물리적인 형태를 가진 자산이다.

따라서 제조업체의 경우 자산 항목 중에서 유형자산의 규모가 가장 크다. 그리고 회사의 매출뿐만이 아니라 기업이 재정적으로 어려운 상황에 처했을 때 유형자산을 담보로 외부차입을 할 수 있기 때문에 유동성 문제도 해결해주는 핵심 자산이라 할 수 있다.

기업의 생산 전략에 따라서 달라지겠지만 특정 업종을 제외하고는 제조업체 평균 유형자산의 매출액 대비 비중은 대략 30~60% 선이다. 반도체 장비를 생산하는 회사의 경우 평균 제조업체보다 생산설비 규모가 작은 편이다.

핵심 소프트웨어나 부품만 생산하고, 반도체 장비의 외관은 위탁 생산하는 회사가 많기 때문이다.

(단위 : 천원)

계정과목	취득원가	감가상각누계액	국고보조금	장부가액
토지	14,886,667	-	-	14,886,667
건물	26,049,318	(-)3,459,371	-	22,589,947
구축물	1,081,134	(-)208,720	-	872,414
기계장치	7,103,491	(-)5,046,219	(-)61,087	1,996,185
차량운반구	440,204	(-)252,026	-	188,178
공구와기구	2,621,617	(-)455,279	-	2,166,338
집기비품	2,865,429	(-)1,795,801	-	1,069,628
시설장치	14,709,007	(-)5,941,727	(-)256	8,767,024
연구개발설비	12,151,567	(-)2,604,342	(-)11,880	9,535,345
임차개량자산	5,951,385	(-)1,586,089	-	4,365,296
사용권자산	6,432,031	(-)1,965,517	-	4,466,514
건설중인자산	7,168,480	-	-	7,168,480
합계	101,460,330	(-)23,315,091	(-)73,223	78,072,016

위의 그림은 반도체 전 공정 장비를 생산하고 있는 유진테크의 2019년 말 유형자산 세부 내역이다. 전체 유형자산 780억 중 토지와 건물이 절반 이상이며, 생산과 관련된 유형자산인 기계장치, 시설장치 등은 그 규모가 상대적으로 작다.

매출액 대비 유형자산의 규모가 큰 대표적인 업종은 조선 업종이다. 이는 조금만 생각하면 쉽게 이해가 될 것이다. 일단 각종 선박을 제작하기 위해서는 바다와 인접한 넓은 면적의 부지가 필요하고, 선박을 건조하기 위한 각종 생산설비의 규모도 상당히 크기 때문이다.

잠재적 비용(감가상각비)인 유형자산

필자는 기업이 대규모 생산설비 투자를 단행하면, 다음 연도 이후 매출이 증가하고 있는지를 가장 먼저 살펴본다. 그 이유는 대규모 생산설비 투자유형자산의 취득를 했지만 막상 매출 증가가 기대에 미치지 못하면, 기업이 시장 상황을 제대로 예측하지 못해 결과적으로 과잉투자를 한 것으로 판단하기 때문이다. 그렇게 되면 감가상각비 부담을 포함한 고정비의 증가로 이어져 기업의 이익이 감소하게 된다.

(단위 : 억원)

	2011년	2012년	2013년	2014년
매출액	5,177	7,653	9,910	6,427
영업이익	403	465	0.5	-917
지배지분순이익	310	544	-7	-587
유형자산취득	711	1,775	796	250
감가상각비			748	830

위의 표는 FPCB연성인쇄회로기판 전문 제조회사인 인터플렉스의 2011년부터 2014년까지 매출액, 영업이익, 지배지분순이익, 유형자산취득, 감가상각비 내역을 정리한 표다. 기업은 2011년 이후 매년 대규모 설비투자를 진행했다. 특히 2012년 1,775억의 대규모 설비투자를 진행했고, 이듬해인 2013년 이후 감가상각비가 급증했다.

2013년 매출이 2012년보다 2,000억 이상 증가했으나 감가상각비 부담으로 영업이익은 2012년 465억에서 0.5억으로 급감했다. 그리고 매출액이 6,427억으로 크게 감소한 2014년에는 대규모 영업 적자-917억로 전환했다. 당시 인터플렉스에서 기계장치의 감가상각 기간을 3년으로

잡은 부분도 감가상각비 급증의 원인이었지만, 기본적으로 2012년도의 대규모 설비투자가 감가상각비 급증의 주된 원인이었다.

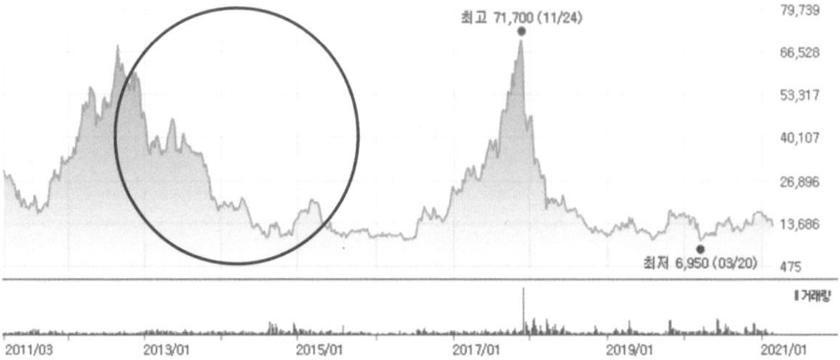

위의 그림은 인터플렉스의 주가 차트다. 2013년 이후 감가상각비 급증에 따른 실적 부진으로 주가가 하락했다. 대규모 설비투자 이후 기업의 매출이 그 이상으로 크게 증가하지 못한다면, 감가상각비 등 고정비 부담으로 기업의 실적이 악화된다는 사실을 기억해야 한다.

무형자산, 영업권과 개발비만 파악하자

형체가 없다는 의미의 무형자산은 영업권, 개발비, 특허권, 상표권,

각종 권리금 등으로 구성되어 있다. **주식투자자들이 무형자산 전체를 다 이해할 필요는 없다. 무형자산 중 비중이 가장 큰 영업권과 개발비만 기억하자.**

영업권은 타 기업을 인수할 때 기업의 실제 가치를 초과해 지불하는 금액이 있을 경우, 그 초과 금액을 비용이 아닌 무형자산으로 회계 처리하는 계정과목이다. 피인수 기업이 미래에 경제적 이익을 가져다준다고 판단해서 기업 인수 시 프리미엄을 지불하는 것이다.

개발비는 신제품 개발에 들어가는 연구 비용을 무형자산으로 회계 처리하는 것이다. 일상적인 연구활동은 비용으로 처리하지만, 예를 들어 바이오회사가 성공 가능성이 높은 신약 개발을 위해 지출하는 연구개발 비용은 무형자산으로 회계 처리가 가능하다. 스튜디오드래곤 등 드라마 제작회사 역시 특정 드라마 제작 비용을 무형자산으로 회계 처리하고, 일정 기간 비용으로 감가상각하는 일이 가능하다.

문제는 무형자산으로 처리할 수 있는 개발비가 너무나 주관적이라는 사실이다. 회계 처리 규정 중 향후 기업에 경제적 이득을 가져다줄 수 있는 개발비는 무형자산으로 처리할 수 있다. 그리고 개발비의 무형자산 처리는 기업의 주관적인 판단에 따른다. 연구개발 내용이 미래에 경제적 이득이 될 수 있는지 여부는 해당 기업이 가장 잘 알기 때문이다.

따라서 신약 개발회사가 현재 진행하고 있는 신약 개발의 성공 가능성이 높다고 주장하면서 개발비를 무형자산으로 처리할 경우 이를 제지할 수 있는 회계적 방법은 현재로서는 없다. 만약 신약 개발에 실패

하는 경우에는 무형자산의 대규모 손상 처리로 이어지기 때문에 기업 실적은 악화된다.

실제 사례를 살펴보도록 하자.

연결 재무상태표

제 19 기 2016.12.31 현재
제 18 기 2015.12.31 현재
제 17 기 2014.12.31 현재

(단위 : 원)

	제 19 기	제 18 기	제 17 기
자산			
유동자산	54,892,607,662	51,133,233,940	31,282,658,022
현금및현금성자산	6,701,514,005	17,537,520,587	13,093,067,957
기타유동금융자산	14,538,000,000	2,056,410,460	100,000,000
매출채권	11,094,573,986	10,573,851,665	8,776,649,249
기타채권	1,006,274,399	3,099,211,806	1,236,717,038
파생금융자산	417,365,000	4,604,604,687	
재고자산	13,856,970,045	10,794,601,381	6,126,494,676
당기법인세자산	425,582,692	36,906,330	9,727,359
기타자산	6,852,327,535	2,430,127,024	1,940,001,743
비유동자산	134,789,730,807	129,099,500,853	75,005,018,466
기타비유동금융자산	18,175,085,135	22,780,607,426	6,823,867,616
기타채권	6,659,797,050	6,076,872,000	2,503,113,960
유형자산	26,590,967,363	23,908,728,351	23,786,615,088
영업권 이외의 무형자산	18,735,404,250	34,637,505,031	33,665,864,535

위의 그림은 어느 신약 개발회사의 2014년부터 2016년 말까지 재무상태표 일부다.

영업권 이외의 무형자산 규모가 2016년 말 187억으로 전년도 346억에서 160억 가까이 급감했다.

자세한 내용을 재무제표 주석에서 확인했다.

(2) 당기 중 무형자산 장부가액의 변동내역은 다음과 같습니다.

(단위 : 천원)

구 분	산업재산권	개발비	소프트웨어	영업권	기타의무형자산	합 계
기초금액	4,515,406	14,623,096	104,995	11,473,188	3,920,820	34,637,505
취득금액	73,481	1,639,692	197,205	-	432,748	2,343,126
처분금액	-	-	-	-	-	-
기타증감액(*1)	-	(15,581)	-	-	(28,331)	(43,912)
상각	(884,868)	(1,761,333)	(85,306)	-	(539,955)	(3,271,462)
손상차손(*2)	-	(10,179,550)	-	(4,750,303)	-	(14,929,853)
기말금액	3,704,019	4,306,324	216,894	6,722,885	3,785,282	18,735,404

위의 그림은 2016년 말 재무상태표 주석에서 찾은 무형자산 변동 내역이다. 이 회사는 2016년도 개발비 101억을 손상차손으로 비용 처리했다. 현재 개발 중인 신약이 미래에 경제적 이익을 가져다주지 못하는 것으로 결론이 나자, 그동안 무형자산으로 처리한 개발비를 일시에 대거 비용 처리한 것이다.

현재 신약 개발기업들 중 상당수는 무형자산으로 회계 처리한 개발비의 손실 처리손상차손를 수시로 하고 있다. 일반 주식투자자 중 신약 개발 관련 회사에 투자하고 있다면, 적어도 자신이 매수한 기업이 개발비 관련 무형자산을 손실 처리하고 있는지 여부는 반드시 확인하자. 이는 주식투자자 스스로를 보호하는 여러 방법 중 하나다.

:: 유/무형자산과 다른 계정과목들의 상관관계 ::

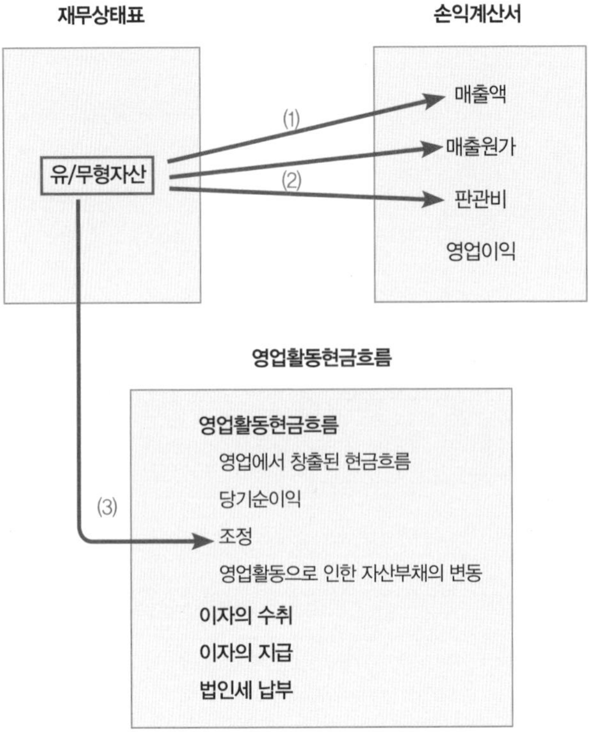

(1) 기업의 유/무형자산이 매출을 일으키는 원천이며, 매출액은 유/무형자산과 정의 관계에 있다.

(2) 생산설비와 공장에서 발생하는 감가상각비는 매출원가에 반영되며, 본사 빌딩과 업무용 차량 및 비품 등에서 발생하는 감가상각비는 판관비에 반영된다.

(3) 유/무형자산에서 발생하는 감가상각비는 영업활동현금흐름에 플러스 영향을 미치며, 영업활동현금흐름 조정 내역에 반영된다.

자산의 차감 계정 이해하기

매출채권과 대손충당금

대손이란 외상매출금, 대여금, 미수금 등을 채무자로부터 받지 못하게 되는 것을 의미한다. 상장기업의 연결재무상태표 유동자산에 표시되어 있는 매출채권은 대손충당금을 제외한 매출채권 금액이다.

기업이 생산한 제품을 외상으로 판매한 매출채권 금액 중 과거의 경험상 받지 못할 것으로 추정되는 금액만큼, 매 회계연도 말에 대손충당금을 미리 설정해서 매출채권에서 직접 차감하는 것으로 이해하자. 유동자산인 매출채권에서 직접 차감하기 때문에 자산의 차감 계정이라고 말한다.

매출채권에 대한 대손충당금과 관련해서는 다음의 내용이 중요하다.

매출채권과 대손금의 관계

기업의 매출이 증가하지 않는 상황에서의 매출채권 증가는 부실화될 가능성이 상대적으로 높으며, 그에 따라 대손상각비가 급증할 가능성도 높아진다고 설명했다. 이는 특별한 경우의 매출채권 및 그에 따른 대손상각비 증가를 설명하는 것이다.

그렇다면 기업의 매출이 증가하고 그에 따라 매출채권이 증가하는 상황에서의 매출채권에 대한 대손금의 증가는 자연스러운 현상일까?

일부 회계서적에서는 매출채권이 증가하면 대손금도 함께 증가하는 경향이 있다고 설명하고 있다. 결론부터 말하면, **대손금의 증가는 기업 매출의 증가에 따라 자연스럽게 증가하는 매출채권의 증가와는 거의 상관관계가 없다.** 매출이 증가하면 매출채권도 자연스럽게 증가하는 경향이 있는 것과 혼동한 듯하다.

(단위 : 백만원)

구 분	손상되지 않은 채권				손상채권	합 계
	만기미경과 채권	만기가 경과된 채권				
		3개월 이하	3개월 초과 6개월 이하	6개월 초과		
매출채권	4,306,453	-	-	-	5	4,306,458
유동성 기타수취채권	23,508	-	-	-	1,280	24,788
비유동성 기타수취채권	109,079	-	-	-	1,162	110,241
합 계	4,439,040	-	-	-	2,447	4,441,487

위의 그림은 SK하이닉스의 2019년 말 연결재무제표 주석에서 발췌한 내용이다. 2019년 말 현재, SK하이닉스가 보유하고 있는 매출채권의 연령 분석표다. 4조 3,000억이 넘는 매출채권 중에서 손상된 채권은 단 500만 원이었다. 또한 연체된 매출채권도 전혀 없었다. B2B에 속하는 기업의 특성을 고려하더라도 대손금 발생이 거의 없었다.

이렇게 업종 내에서 확고한 지위에 있는 기업일수록 매출채권 금액과 대손금은 거의 상관관계가 없다는 것을 알 수 있다. 그렇다면 SK하이닉스는 2019년 말 대손충당금을 과연 얼마나 쌓았을까?

아래 그림에서 확인해보자.

(단위 : 백만원)

구 분	당기말			전기말		
	채권액	대손충당금	장부금액	채권액	대손충당금	장부금액
매출채권	4,306,458	(9)	4,306,449	6,320,042	(48)	6,319,994
유동성 기타수취채권	24,788	(1,280)	23,508	19,715	(1,323)	18,392
비유동성 기타수취채권	110,241	(1,162)	109,079	69,631	(1,117)	68,514
합 계	4,441,487	(2,451)	4,439,036	6,409,388	(2,488)	6,406,900

위의 그림은 2019년 말 SK하이닉스가 쌓아둔 대손충당 금액을 보여주고 있다. 4조 3,000억이 넘는 전체 매출채권 중에서 대손충당금은 겨우 900만 원이다. 실로 놀랍도록 적은 대손충당금이라고 할 수 있다. 이처럼 매출채권과 대손금은 상관관계가 전혀 없으며, 대손금이 전년 동기 대비 혹은 전 분기 대비 증가하는 기업은 일종의 부실 징후에 해당한다는 사실을 주식투자자는 기억해야 한다.

매출채권에서 발생하는 대손상각비는 판관비에 비용으로 반영된다. 매출채권에 대한 대손상각비는 제품생산활동이 아닌, 생산된 제품의 판매활동과 관련되어 있기 때문에 판관비에 반영하는 것이다. 그렇다면 삼성전자의 대손충당금 규모는 얼마나 될까?

SK하이닉스의 외상대금도 거의 떼어먹지 못하는데, 대한민국을 넘어 세계 글로벌 넘버원 기업인 삼성전자의 외상대금을 갚지 않는 배짱 좋은 기업이 과연 있을까?

다음의 그림을 보자.

(단위 : 백만원)

구 분	당기말		전기말	
	매출채권	미수금	매출채권	미수금
채권액	35,882,903	4,584,259	35,480,128	3,335,428
차감: 손실충당금	(340,410)	(58,666)	(571,564)	(31,045)
소 계	35,542,493	4,525,593	34,908,564	3,304,383
차감: 장기 채권	(411,150)	(346,473)	(1,040,831)	(223,650)
유동항목	35,131,343	4,179,120	33,867,733	3,080,733

위의 그림은 삼성전자의 2019년 말 재무제표 주석에서 찾은 매출채권과 미수금의 손실충당금 내역이다. SK하이닉스와는 다르게, 또한 주식투자자들의 일반적인 예상과는 다르게 전체 매출채권 35조 8,829억과 미수금 4조 5,842억에 대해 각각 3,404억과 586억의 손실충당금을 설정했다. 실제 삼성전자는 매년 100억 이상의 매출채권을 회수하지 못하고 손실로 확정하고 있다.

기업은 실제로 발생하는 손실 규모에 비해 많은 충당금을 설정하고 있다. 삼성전자도 보수적인 회계 처리를 하고 있다고 판단할 수 있다. 우리의 예상과는 다르게 매출채권 대손충당금을 많이 쌓고 있는 이유는 삼성전자가 판매하는 제품 및 판매 지역과 관련이 있다.

SK하이닉스는 반도체 단일 제품을 판매하며 주요 고객은 애플, 아마존, 구글 등 글로벌 대기업들이다. 따라서 SK하이닉스는 매출채권이 손상되는 일이 거의 발생하지 않는다.

반면에 삼성전자는 반도체뿐만 아니라 휴대폰 및 가전제품도 생산 판매하고 있다. 따라서 휴대폰과 가전제품의 해외 판매 금액 중 일부 국가에서 부실이 발생하는 것으로 예상된다.

재고자산과 재고자산평가충당금

생산을 했으나, 아직 팔리지 않아서 재고로 쌓아두고 있는 재고자산은 시간이 경과함에 따라 가치가 하락하게 된다. 유행이 지난 옷을 재고로 쌓아두고 있는 의류회사를 생각하면 이해가 쉬울 것이다.

기업은 매 회계연도 말에 재고자산을 평가해서 가치가 하락한 만큼 재고자산평가충당금을 설정하고 유동자산인 재고자산에서 직접 차감한다.

대손충당금과 마찬가지로 재고자산평가충당금은 재고자산평가손실이라는 계정으로 그 금액만큼 손익계산서 매출원가에 비용으로 반영한다. 생산된 제품이기 때문에 제품생산비와 직접 관련된 매출원가에 반영시키는 것이다.

(단위 : 천원)

계정과목	당기말			전기말		
	취득원가	평가충당금	장부가액	취득원가	평가충당금	장부가액
상품	135,718,818	(15,555,566)	120,163,252	143,008,367	(12,614,664)	130,393,703
제품	277,404,140	(15,882,128)	261,522,012	214,423,505	(12,621,725)	201,801,780
재공품	16,247,691	-	16,247,691	17,400,759	-	17,400,759
원재료	41,771,536	-	41,771,536	37,131,108	-	37,131,108
부재료	242,321	-	242,321	524,358	-	524,358
미착품	7,646,841	-	7,646,841	6,043,216	-	6,043,216
합 계	479,031,347	(31,437,694)	447,593,653	418,531,313	(25,236,389)	393,294,924

위의 그림은 의류 생산업체인 한섬의 연결재무제표 주석에서 발췌한 재고자산 변동 내역이다. 2019년 말 한섬의 연결재무제표 재고자산에 표기된 금액은 4,475억이었으며, 이는 재고자산평가충당금인 314억을 차감한 금액이다.

의류 업종 특성상 다른 업종에 비해 총 재고자산 대비 많은 금액의 재고자산평가충당금을 설정하고 있음을 알 수 있다.

유무형자산 손상차손

기업이 비유동자산으로 가지고 있는 유형자산과 무형자산이 감가상각비와는 다르게 물리적 손상 등의 이유로 그 가치가 현저하게 하락하는 경우 손상차손으로 설정해 차감하고, 그 금액만큼 영업 외 비용으로 비용 처리한다.

즉 유무형자산의 손상차손은 영업이익이 아닌 당기순이익에만 마이너스 영향을 미친다. 업무용으로 기업이 보유하고 있던 업무용 책상, 의자 등 비품의 가치가 심하게 훼손된 경우, 가치가 하락한 금액만큼 손상차손 처리하는 것이다.

기업의 영업이익률과 관련 있는 매입채무

매출채권 vs 매입채무

매출채권의 반대 개념이 매입채무다. 기업 간 외상 거래에서는 기업이 제품 생산에 필요한 원재료나 비품 등을 현금이 아닌 외상으로 매입하는 경우도 많이 발생한다. 기업의 매출액과 함께 기업의 매출채권과 매입채무의 비율도 기업의 해당 업종에서의 위상을 파악하는 중요한 지표로 참고하고 있다.

일상생활에서는 받을 돈이 많고, 갚아야 할 빚이 적은 것이 좋은 것으로 여겨진다. 마찬가지로 기업도 매출채권이 많고 매입채무가 적어야 좋은 기업이라고 생각한다.

따라서 자산인 매출채권이 많고, 갚아야 할 부채인 매입채무가 적은 기업이 우량기업이라고 판단을 내리는 것이다.

하지만 매출채권이 많다는 것은 다르게 생각하면 제품을 팔고 현금을 제대로 받지 못했다는 것을 의미한다. 매입채무가 적다는 의미는 기업이 외상으로 원재료를 사지 못해서 현금을 주고 원재료를 매입했다는 의미이기도 하다.

기업의 매출채권유동성자산의 증가이 증가한다는 것은 현금유입유동성자산의 감소이 적다는 의미이며, 매입채무부채의 감소가 적다는 것은 그만큼 이미 기업 외부로 현금 유출이 많았다는 것을 의미한다.

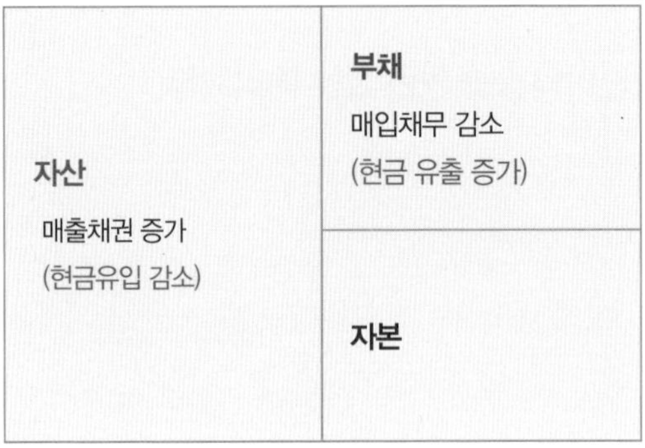

다음 두 기업 중 어느 기업이 더 회사 자금 운용을 잘하고 있는 것일까?

A기업은 원재료를 거의 대부분 현금을 주고 매입해서, 매입채무가 거의 없는 회사다. 기업의 신용도가 떨어질 것을 우려해 거래 상대방이 외상거래가 아닌 현금거래를 요구했기 때문이다.

반면에 B기업은 원재료 대부분을 외상매입하며, 여유 현금은 3개월 금융상품에 가입해서 추가적인 금융수익을 내고 있다. 물론 B기업이 훨씬 자산관리를 잘하는 회사다.

B2C기업과 소비자 사이의 상거래 기업의 경우 매출채권은 적고, 매입채무는 많은 경우가 많다. 이는 기업의 비즈니스를 이해하면 쉽게 이해가 된다.

다음의 그림을 먼저 살펴보자.

(단위 : 원)

	2019년도 말	2018년도 말	2017년도 말
매출채권 및 기타수취채권	670,215,140,714	584,958,859,860	459,490,444,927
미청구공사	13,816,301,696	11,090,457,861	
재고자산	1,279,216,116,912	1,122,983,111,945	1,011,411,917,272
당기손익-공정가치 측정 금융자산	583,871,102,283		
단기파생상품자산	6,143,286,479	327,176,168	253,817,712
기타단기금융자산	328,647,837,942	188,011,164,754	105,548,597,781
기타유동자산	87,055,052,262	89,064,138,875	68,460,219,612
매각예정비유동자산		5,500,000,000	26,850,991,831
비유동자산	17,444,824,942,860	14,468,260,739,598	14,171,285,835,986
유형자산	10,003,686,463,873	10,403,866,404,946	9,799,864,635,725
투자부동산	1,583,986,802,032	1,051,641,345,581	1,063,518,657,038
무형자산	1,319,146,552,096	288,065,471,153	376,713,703,163
사용권자산	1,780,786,616,419		
관계기업 및 공동기업 투자	836,340,557,957	718,312,505,464	523,763,399,906
매도가능금융자산			1,467,321,507,500
당기손익-공정가치 측정 금융자산	62,653,494,725	11,828,458,682	
기타포괄손익-공정가치 측정 금융자산	892,575,717,900	973,335,367,000	
장기파생상품자산	7,301,177,191	1,559,763,705	200,114,191
이연법인세자산	43,637,379,585	44,765,991,532	12,810,354,241
기타장기금융자산	838,284,623,311	727,235,855,789	677,705,702,298
기타비유동자산	76,425,557,771	247,649,575,746	249,387,761,924
자산총계	21,094,758,779,809	16,753,863,685,013	16,066,507,597,137
부채			
유동부채	5,406,253,569,300	4,998,253,469,170	4,214,042,986,121
매입채무 및 기타지급채무	1,996,460,919,953	1,760,513,647,896	1,600,936,651,617

위의 그림은 유통업 중심의 영업을 영위하고 있는 이마트의 2017년부터 2019년 말까지 재무상태표 일부다. 매출채권은 매년 5,000~6,000억 수준이며, 반면에 매입채무는 1.6~2조 수준으로 매출채권보다 훨씬 많다.

음식료, 유통업, 면세점 등 B2C 기업의 상당수는 업종 특성상 매출채권보다 매입채무가 많다.

주식투자자는 B2B기업과 기업 간의 상거래 기업의 매출채권과 매입채무의 비율을 비교함으로써, 회사가 해당 업종에서 어느 정도 위치에 있는지 유추 가능한 경우도 있다.

소위 말하는 '갑'의 위치에 있는 기업일수록, 매출채권보다 매입채무가 더 많다.

그런데 이는 중견기업 이하의 기업에만 해당하는 내용이다. 글로벌 대기업 중 매출채권 대비 매입채무가 상대적으로 적은 회사도 있는데, 이는 회사의 신용도가 떨어져서 외상으로 원재료를 구입하지 못해서가 아니라 협력회사에 현금결제를 많이 해주는 사회적인 책임을 다하는 회사라고 판단할 수 있다.

반대로 어떤 대기업의 경우 매출채권보다 매입채무가 훨씬 더 많은 회사도 있는데, 이 회사는 협력회사에 부품대금으로 현금결제를 잘 해주지 않는 회사라고 판단이 된다.

반면 만성적인 실적 부진을 겪고 있는 부실기업들은 매입채무는 거의 없고, 매출액 대비 매출채권 비중이 높은 기업들이 많다.

매출채권	10,969,538,908	14,968,956,233	9,349,100,213
기타수취채권	497,902,503	1,093,714,364	864,382,483
재고자산	8,367,971,946	7,202,464,618	7,636,902,816
기타유동자산	539,013,790	1,261,811,484	5,299,796,752
당기법인세자산	17,888,909	176,043,583	50,125,400
비유동자산	69,996,212,539	70,696,105,818	70,794,089,729
장기금융자산	14,286,000	0	0
관계기업투자	12,421,935,176	5,127,893,375	7,303,783,369
기타비유동금융자산	1,383,707,421	905,495,231	654,678,372
장기기타수취채권	962,037,696	793,495,231	542,678,372
장기투자자산	421,669,725	112,000,000	112,000,000
투자부동산	8,600,703,707	8,771,484,213	52,699,595
유형자산	26,885,226,161	28,023,831,933	33,976,064,462
무형자산	20,690,354,074	27,581,533,629	28,474,781,096
장기매출채권 및 기타 비유동채권	0	0	29,652,046
이연법인세자산	0	285,867,437	302,430,789
자산총계	99,226,389,950	106,906,184,275	100,647,827,815
부채			
유동부채	45,091,936,587	31,175,887,774	12,509,615,650
매입채무	996,003,995	1,197,265,433	0

위의 그림은 어느 만성적인 실적 부진에 시달리는 상장기업의 재무상태표 일부분이다. 회사의 매출채권은 100~150억 수준인데, 매입채무는 0~12억 수준이다. 현금이 많아서 매입채무가 적은 회사인 것이 아니라, 부실기업이기 때문에 거래회사가 현금거래를 요구한 것이다.

중소기업의 경우 매출채권과 매입채무의 규모만 비교해봐도 우량기업과 부실기업을 쉽게 구별할 수 있다.

기업의 매입채무는 영업이익률과도 상관관계에 있다. 기업의 매입채무는 주로 제품 생산에 필요한 원재료를 구입할 때 발생하는 경우가 많으며, 그 외에 각종 비품을 구입할 때도 발생한다.

제조업체 중 매출액에 비해 원재료 비중이 상당히 낮은 기업의 경우 매입채무도 적다. 당연히 원재료 비용이 적으면 기업의 매출원가도 낮아서, 결과적으로 높은 수준의 영업이익을 낼 수 있다.

(단위 : 백만원)

	제 71 기	제 70 기	제 69 기
매출액	40,445,066	30,109,434	17,197,975
매출원가	15,180,838	12,701,843	10,787,139
매출총이익	25,264,228	17,407,591	6,410,836
판매비와관리비	4,420,478	3,686,265	3,134,090
영업이익	20,843,750	13,721,326	3,276,746

매출채권	6,319,994	5,552,795	3,251,652
기타수취채권	18,392	37,613	25,611
재고자산	4,422,733	2,640,439	2,026,198
당기법인세자산	22,252	1,305	489
기타유동자산	741,425	523,638	399,353
비유동자산	43,764,189	28,108,020	22,377,044
종속기업, 관계기업 및 공동기업투자	562,194	359,864	131,016
장기투자자산	4,325,550	43,226	147,779
기타수취채권	68,514	42,410	39,490
기타금융자산	310	273	423
유형자산	34,952,617	24,062,601	18,777,402
무형자산	2,678,770	2,247,290	1,915,591
투자부동산	1,400	2,468	2,573
이연법인세자산	544,016	599,783	792,368
종업원급여자산	5,164	13,385	
기타비유동자산	625,654	736,720	570,402
자산총계	63,658,335	45,418,464	32,216,026
부채			
유동부채	13,031,852	8,116,133	4,160,849
매입채무	1,096,380	758,578	696,144

앞쪽의 그림은 SK하이닉스의 2016년부터 2018년도까지 매출원가, 영업이익, 매출채권과 매입채무의 규모를 보여주고 있다. 영업이익률이 무려 50%에 달했던 2018년제71기 매출채권 대비 매입채무는 1/6 수준이었다.

매출액과 비교해보면 매입채무는 2.5% 수준이다. 매출원가 자체가 매출 규모에 비해 적어서 매입채무도 적은 것이다.

:: 매입채무와 관련된 계정과목들 ::

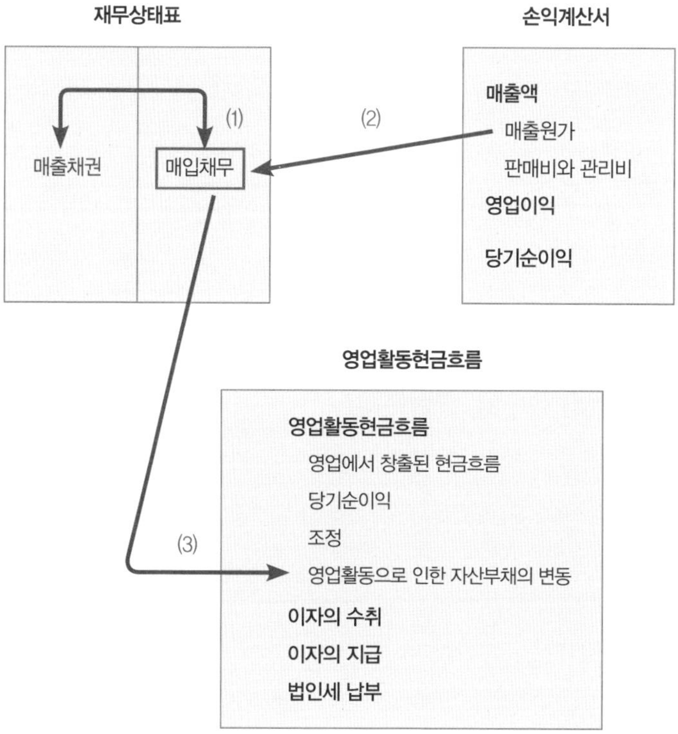

(1) 매입채무는 매출채권과 비교를 하자. B2C 산업에 속하는 기업은 일반적으로 매출채권은 적고, 매입채무는 많은 편이다. B2B 기업 중 중소기업의 경우 갑의 위치에 있을수록 매출채권의 규모가 적고, 매입채무는 상대적으로 많다. 글로벌 대기업의 경우 매입채무가 상대적으로 적다면, 협력업체에 현금결제를 잘 해주는 사회적 책임을 다하는 기업이라고 판단할 수 있다.

(2) 높은 영업이익률을 기록하는 기업일수록 매출 규모에 비해 원재료 구입 금액이 상대적으로 적어 매입채무도 적을 가능성이 높다.

(3) 매입채무는 영업활동현금흐름의 '영업활동으로 인한 자산부채의 변동'에 정(+)의 영향을 미친다. 즉 매입채무의 증가는 현금흐름에 플러스, 매입채무의 감소는 현금흐름에 마이너스 영향을 미친다.

단기차입금, 선수금, 충당부채

1년 이내에 상환 의무가 있는 단기차입금이 부채 항목 중에서 차지하는 비중이 큰 기업일수록 당연히 단기자금 사정이 좋지 않은 회사이며, 또한 금융 부담이 큰 기업이다. 특별히 유동성 장기부채가 갑자기, 그것도 큰 규모로 발생하는 기업은 구체적인 상환 계획을 파악해야 한다. 유동성 장기부채의 존재 여부는 전자공시시스템의 기업 재무상태표나 재무제표 주석에서 확인이 가능하다.

유동성 장기부채란 말 그대로 장기부채인데 유동성이 있는 부채다. 유동성 장기부채는 원래 만기가 1년 이상인 장기부채였는데, 만기가 1년 이내로 짧아지면서 이자는 물론 원금까지 단기간에 갚아야 할 부채가 된 것이다. 따라서 유동성 장기부채의 증가는 기업의 단기자금에 부담이 되는 차입금이다.

기업이 자금을 조달하는 방법 중 가장 흔한 방법이 은행으로부터 자금을 차입하는 것이다. 이는 은행의 중요한 수입원으로 은행 입장에서는 낮은 이자를 주고 개인들로부터 예금을 받아서 기업에 고금리로 장기간 담보 대출을 해줘야 남는 장사다. 은행은 어느 정도 돈을 떼일 위험을 감수하고서라도 기업에 대출을 해주려고 애를 쓴다. 필자가 금융권 기업 대출 관련 재무제표 분석 강의에서 가장 중점적으로 분석해야 한다고 강조하는 부분이 바로 기업의 원금 및 이자 상환 능력이다.

주식투자를 위한 재무제표 분석은 기업의 재무 구조, 유형자산과 매출 규모, 비용 구조 분석을 통한 이익 증가 가능성, 원활한 현금흐름 등을 종합적으로 파악해야 한다. 반면에 기업 대출 관련 재무제표 분석은 기업의 수익성 분석보다는 대출금과 이자를 상환할 여력이 충분한지만 파악하면 된다.

따라서 재무상태표와 현금흐름표에서 차입금 의존도, EBITDA영업이익 + 감가상각비, 영업활동현금흐름, 잉여현금흐름 등 기업이 어느 정도 대출금과 이자를 상환할 능력이 있는지 여부를 중점적으로 살펴야 한다. EBITDA, 영업활동현금흐름, 잉여현금흐름의 문제점에 대해서는 PART

3에서 중점적으로 살펴볼 것이다.

대출금 부실화로 인해 금융감독 기관이 시중 은행들에게 대손충당금을 더 많이 쌓으라는 지시를 했다는 뉴스를 들어본 경험이 있을 것이다. 보통 은행이 기업에 대출을 해주는 기간은 3~5년으로 장기간이다. 그리고 은행은 기업의 재정 상태가 아주 악화하지 않는 이상 대출금을 재연장해주며 높은 이자를 계속 받고 싶어 한다.

그런데 은행의 대출 심사에서 도저히 기업의 재정 상태가 좋지 못해 위험하다고 판단을 내리면, 3~5년 만기 대출금을 재연장해주지 않고 대출금을 회수해 갈 것이다. 은행의 대출심사에서조차 대출금을 회수해야 할 문제 기업이라고 판단한다면, 주식투자자들은 당연히 해당 기업에 절대 투자해서는 안 된다. 해당 기업은 부실한 재무 구조와 실적으로 주가가 지속적으로 하락할 가능성이 높고, 상장폐지나 관리종목 지정 가능성도 높은 기업일 것이다.

투자하고자 하는 주식의 재무상태표에 유동성 장기부채가 생기면 구체적인 상환 계획을 알아야 하는데, 이는 기업의 주식IR 담당자에게 전화를 해서 확인할 수 있다. 이는 아주 중요한 사항이므로 반드시 체크해야 한다. 급한 불을 꺼야 하는 상황에서 구체적인 상환 계획을 가지고 있는지 아닌지는 현재 기업의 자금 사정을 알려주는 것이기 때문이다.

은행에서 만기 연장을 해주지 않아서, 유상증자를 통해 대출금을 상환할 계획이라고 주식IR 담당자가 답변한다면, 우리는 해당 기업의 자금 사정이 좋지 않다는 판단을 내릴 수 있다. 반면 대출금의 일부는 그동안 벌어들인 현금으로 상환하고, 나머지는 은행에서 만기 연장을 해 준다고 답변한다면, 회사가 영업활동을 통해 벌어들인 이익으로 부채를 상환해 나가는 중이기 때문에 안심해도 될 듯하다.

선수금을 설명하기에 앞서 회계에서의 부채의 정의를 살펴보자. 일상생활에서의 부채는 빚debt**을 의미한다. 그러나 회계에서 정의하는 부채는 의무**liability**의 개념이다.** 즉 회계에서의 부채의 정의는 과거의 거래나 사건의 결과로써 미래에 자산을 이전하거나 용역을 제공해야 하는 의무다.

부채인 차입금은 외부에서 자금을 빌렸기 때문에 미래에 원금과 이자를 상환해야 할 의무가 생긴 것이다. 매입채무 역시 외상으로 원재료를 구입했기 때문에, 향후 원재료 구입 대금을 갚아야 할 의무가 생긴 것이다.

선수금은 고객에게 제품이나 용역을 제공하기로 계약하면서, 계약금으로 미리 제공받는 금액이다. 예를 들어 조선회사가 선박 공급계약을 체결하면서, 계약금으로 미리 받은 금액이 선수금이다. 선수금을 받은 대가로 기업은 계약에 따라 선박을 건조해서 미래에 고객에게 제공해야 할 의무가 생긴 것이다.

일반적으로 재무제표 분석에서 선수금이 많다는 것은 그만큼 제품 공급계약이 많아서 미래에 기업의 매출이 많이 증가한다는 의미로 받아들여지고 있다. 조선업, 장비회사 등 수주를 근간으로 하는 기업들은 선수금이 급증하면서 부채비율이 상승한다. 하지만 이는 부정적인 것이 아니라 오히려 환영해야 할 일이라는 주장이다. 그래서 모든 회계

서적에서 선수금을 착한 부채라고 표현하고 있다. 그렇다면 과연 선수금은 항상 착한 부채일까?

현실의 기업 재무제표는 그렇게 단순하지가 않다. 만일 선수금이 항상 착한 부채라면 수주를 바탕으로 하는 기업 중 선수금이 급증한 기업의 주식을 매수하면, 향후 매출과 이익의 증가로 주가가 상승해야 한다. 하지만 선수금의 증가가 오히려 악화된 영업 환경을 반영하는 경우도 있다.

(단위 : 천원)

구 분	당분기말	전기말
선수금	1,583,171	80,000
예수금	4,436	2,333
기타유동부채(미지급연차)	1,097,972	910,446
선수수익	8,179	8,056
합 계	2,693,758	1,000,835

위의 그림은 테크윙의 2019년 3분기 말 현재 재무상태표 주석에서 찾은 선수금 변동 사항이다. 2018년 말 대비 선수금이 8,000만 원에서 15.8억 원으로 급증했다. 전문가들의 주장대로라면 선수금이 증가했기 때문에, 향후 기업의 매출과 이익이 증가할 것이라는 판단을 내리기 쉽다.

연결 포괄손익계산서

제 18 기 2019.01.01 부터 2019.12.31 까지

제 17 기 2018.01.01 부터 2018.12.31 까지

제 16 기 2017.01.01 부터 2017.12.31 까지

(단위 : 원)

	제 18 기	제 17 기	제 16 기
수익(매출액)	186,865,005,850	193,710,297,233	222,772,282,250
매출원가	122,565,403,160	129,044,537,605	144,537,669,808
매출총이익	64,299,602,690	64,665,759,628	78,234,612,442
판매비와관리비	39,899,507,594	39,572,810,365	36,718,623,973
영업이익(손실)	24,400,095,096	25,092,949,263	41,515,988,469

위의 그림은 테크윙의 2017년부터 2019년도까지의 손익계산서 일부다. 2019년도 선수금이 급증했으나, 매출과 영업이익은 2018년에 비해서 오히려 감소했음을 알 수 있다.

2018년 하반기부터 반도체 경기가 급격하게 둔화되었으며, 반도체를 생산하는 국내외 글로벌 대기업들은 반도체 경기 둔화를 이유로 기존에 맺었던 반도체장비를 납품받는 계약의 실제 납품 시기를 연기했다. 그 결과 선수금만 받은 상태에서 반도체장비의 실제 납품이 지연되면서 테크윙의 2019년 매출과 이익이 오히려 감소한 것이다.

물론 반도체장비 공급계약 자체가 취소되는 경우는 거의 없기 때문에, 연기된 반도체장비 공급이 이루어진다면 테크윙의 실적은 연기된 반도체장비 공급계약만큼 증가할 것이다.

연결 포괄손익계산서

제 19 기 3분기 2020.01.01 부터 2020.09.30 까지

제 18 기 3분기 2019.01.01 부터 2019.09.30 까지

(단위 : 원)

	제 19 기 3분기		제 18 기 3분기	
	3개월	누적	3개월	누적
수익(매출액)	65,156,158,445	178,384,104,966	48,966,557,563	133,077,757,716
매출원가	40,541,050,963	110,990,419,877	31,380,009,517	88,170,323,704
매출총이익	24,615,107,482	67,393,685,089	17,586,548,046	44,907,434,012
판매비와관리비	11,678,425,311	32,558,647,056	9,569,043,599	29,240,162,374
영업이익(손실)	12,936,682,171	34,835,038,033	8,017,504,447	15,667,271,638

위의 그림은 2019년 3분기부터 2020년 3분기까지 테크윙의 손익계산서 일부다. 2020년 코로나에도 불구하고, 반도체 경기가 2019년보다 호전되면서 테크윙의 실적도 크게 개선이 되었다. 재무제표 분석으로 기업의 현재 영업 상황을 충분히 파악할 수 있는 부분도 있다.

그러나 주식투자자들은 선수금이 현재의 영업 상황을 정확하게 반영하지 못하는 경우도 많다는 사실을 기억하고 있어야 한다.

충당부채란 과거의 사건이나 거래 결과에 의한 현재의 의무로 지출 시기나 금액이 확정되지는 않았지만, 기업의 영업활동이 지속된다면 자원이 유출될 가능성이 매우 높을 때 부채로 인식하는 경우를 말한다.

LG전자의 A/S 보증 수리비, 현대자동차의 자동차 무상수리 등이 충당부채에 해당한다. 보통 판매보증 충당부채라고 표현하는데, 이런 부채는 기업이 영업활동을 계속하는 한 지속적으로 발생하는 부채로 기업의 이익에 미치는 영향은 크지 않다. 이런 비용이 갑자기 크게 증가하지는 않기 때문이다.

이와는 다르게 일회성으로 크게 증가하는 충당부채가 있다. 특정 소송사건에 휘말렸을 때에 대비하는 소송 관련 충당부채는 그 규모가 상당한 경우 기업의 실적에 크게 영향을 미칠 수 있다. 과거 듀폰과의 소송으로 충당부채가 크게 증가했던 코오롱인더스트리가 대표적인 케이스다.

정정신고(보고)

정정일자	2021-03-04

1. 정정관련 공시서류	매출액 또는 손익구조 30%(대규모법인 15%)이상 변경	
2. 정정관련 공시서류제출일	2021-01-26	
3. 정정사유	코나EV 등 자발적 리콜 관련 품질비용 등 반영	
4. 정정사항		
정정항목	정정전	정정후
영업이익 - 당해사업연도 - 증감금액 - 증감비율	2,781,300,000 -824,200,000 -22.86%	2,394,700,000 -1,210,800,000 -33.58%

위의 그림은 현대자동차의 2020년 매출액 또는 손익 구조 30% 변동 공시 내용이다. 현대자동차는 잇단 화재로 논란이 된 전기차 리콜 관련 충당금 3,866억을 2020년 4분기 실적에 추가로 반영했다. 그런 이유로 이익이 크게 감소하면서 30% 변동공시를 하게 되었다. 예상치 못한 대규모 충당금 설정으로 현대자동차의 이익이 크게 감소했지만, 이는 일시적인 비용이기 때문에 주가에 미치는 영향은 거의 없을 것이다.

비유동부채는 자금 상환 의무가 1년 이상인 장기부채로 사채, 장기차입금, 기타 비유동부채 항목으로 구성되어 있다. **부채는 단순히 그 규모를 볼 것이 아니라, 이자가 발생하는 부채**차입금, 사채발행**와 이자가 발생하지 않는 부채**매입채무, 선수금, 충당부채**의 규모를 비교 파악하는 것이 중요하다.**

또한 장기차입금과 단기차입금 비중이 어떤지도 파악해야 한다. 당연히 단기차입금보다는 장기차입금이 많은 기업이 자금 상환 부담이 덜하다. 재무적으로 좋은 기업은 대규모 설비투자를 하지 않는 이상, 매년 이익을 내면서 부채를 상환해 단기부채와 장기부채가 지속적으로 감소하는 기업이라 할 수 있다.

자본금, 자본잉여금, 이익잉여금

(단위 : 백만원)

	2019년도 말	2018년도 말	2017년도 말
자본			
지배기업 소유주지분	254,915,472	240,068,993	207,213,416
자본금	897,514	897,514	897,514
우선주자본금	119,467	119,467	119,467
보통주자본금	778,047	778,047	778,047
주식발행초과금	4,403,893	4,403,893	4,403,893
이익잉여금(결손금)	254,582,894	242,698,956	215,811,200
기타자본항목	(4,968,829)	(7,931,370)	(13,899,191)
비지배지분	7,964,949	7,684,184	7,278,012
자본총계	262,880,421	247,753,177	214,491,428
자본과부채총계	352,564,497	339,357,244	301,752,090

앞쪽의 그림은 삼성전자의 2017년부터 2019년 말까지의 연결재무상태표 자본 계정이다. 기업의 자본자기자본, 순자산은 크게 자본금, 자본잉여금주식발행초과금, 이익잉여금, 기타 자본 항목으로 구성되어 있다. **우리에게 필요한 항목은 자본금, 자본잉여금, 이익잉여금이다.**

자본은 기업이 회사를 운영하는 데 필요한 자금을 마련하는 방법 중 하나다. 기업이 액면가 5,000원인 증권 10만 주를 발행해서 주당 3만 원에 자금을 조달한다면, 주주가 출자한 자본금은 5억액면가 5,000원 × 10만 주이며 자본잉여금은 25억25,000원 × 10만 주이 된다. 즉 발행된 주식의 액면가 합계가 자본금이며, 초과 발행된 금액의 합계는 자본잉여금이다. 자본금과 자본잉여금은 주주가 직접 출자한 금액이다.

우리는 여기서 우량기업과 그렇지 못한 기업을 쉽게 구별할 수 있다. 삼성전자 같은 우량기업일수록 자본금 변동이 없으며, 그에 따라 자본잉여금 변동도 없다. 기업의 설비투자 등에 필요한 자금은 기존에 영업으로 벌어들인 이익잉여금과 외부차입부채 증가 등으로 충분히 충당 가능하기 때문이다.

반면에 만성적인 실적 부진으로 적자에 허덕이는 기업들은 당연히 신용도 하락으로 외부차입이 사실상 불가능해져서, 그럴듯한 핑계를 대며 기존 주주들의 지갑을 계속 열게 한다. 비트코인이나 신약 개발 바이오 회사 인수 등 그 당시 가장 주목받는 사업에 진출한다는 감언이설로 기존 주주들로부터 부족한 자금을 지속적으로 타내는 경향이 많다.

(단위 : 원)

	2018년도 말	2017년도 말	2016년도 말
자본			
지배기업의 소유주에게 귀속되는 자본	13,263,182,247	15,442,715,928	7,028,052,218
자본금	6,745,464,000	4,140,401,000	3,105,000,000
보통주자본금	6,745,464,000	4,140,401,000	3,105,000,000
자본잉여금	52,120,938,208	34,557,165,364	18,979,154,578
주식발행초과금	51,576,028,900	32,117,849,691	18,211,499,911
기타자본잉여금	544,909,308	2,439,315,673	767,654,667
기타포괄손익누계액	56,997,626	(51,075,878)	
지분법기타포괄손익변동	56,997,626	(51,075,878)	
기타자본구성요소	2,037,981,890	1,642,013,898	1,937,654,739
주식선택권	1,841,071,000	1,529,728,000	1,814,138,000
전환권대가	196,910,890	112,285,898	123,516,739
이익잉여금(결손금)	(47,698,199,477)	(24,845,788,456)	(16,993,757,099)

위의 그림은 어느 상장기업의 자본 계정 일부분이다. 위의 기업은 만성적인 적자매년 이익결손금 증가로 인해 부족한 운전자금을 매년 증자를 통해서 채우고 있다. 2018년도에 자본금을 26억가량 늘리면서 동시에 주식발행초과금자본잉여금을 거의 200억가량 회사로 유입시키는 데 성공했다. 지금도 일부 투자자들은 부실기업의 그럴듯한 유혹에 쉽게 넘어가 기꺼이 지갑을 열고 있는 것이다.

그러나 이런 부실기업의 재무제표를 한 번이라도 자세히 살펴본다면, 이들이 얼마나 상습적으로 기존 주주들에게 부족한 운전자금을 타내고 있는지 쉽게 확인할 수 있다. 이런 회사는 과연 유상증자를 실시하면서 약속한 신규 사업에 실제로 진출하는 것일까?

필자의 경험상 부족한 운전자금을 이런 식으로 마련한 회사들은 거의 신규 사업에 진출하지 않았다. 그렇다면 이런 기업은 유상증자 성공으로 회사에 유입된 현금으로 무엇을 하는 것일까?

이 현금은 대부분 임직원 급여로 사용한다. 이런 부실기업의 임직원들도 월급을 받아야 하기에 회사는 직원에게 줄 월급을 유상증자로 마련하는 것이다. 결국 이런 부실기업에 투자하는 주식투자자는 자신이 주식을 매수한 기업의 임직원 월급까지 챙겨주는 꼴이 되고 만다.

이익잉여금은 기업이 벌어들인 순이익 중 주주에게 배당하고 남은 금액의 합계다. 기업은 계속해서 영업활동을 해야 하기 때문에 자금이 계속 필요하고, 그렇기 때문에 벌어들인 돈 전부를 배당금으로 주주에게 지급해서는 안 된다. 현금 및 현금성자산에서 설명한대로 이익잉여금은 기업이 투자하지 않고 전부 쌓아둔 현금이 아니다.

기업은 이미 생산설비 취득 등 영업에 필요한 투자에 이익잉여금을 사용했다. 한동안 정부는 기업들이 투자하지 않고 내부 유보금으로 쌓아두면 과세를 하겠다는 유보소득세 신설을 추진했다. 만일 유보율이 높다는 이유로 유보소득세가 신설되어 기업에 과세를 한다면, 기업은 이미 투자한 유형자산 등을 팔아서 세금 낼 돈을 마련해야 할 것이다.

유상증자와 무상증자 & 지배지분과 비지배지분

최근 주식시장에서 유상증자는 일반적으로 악재로 받아들여지고 있다. 앞에서 살펴본 부실기업처럼 장기간의 실적 부진으로 외부차입을 통한 자금 조달이 사실상 불가능해지자, 부족한 운전자금을 주주 대상의 유상증자를 통해 조달하는 기업이 생기고 있기 때문이다. 이런 기업이 유상증자를 발표하면 주가가 거의 하한가까지 곤두박질치는 모습을 자주 목격한다. 이미 주식투자자 대부분은 이런 식의 유상증자가 이뤄지는 의도를 잘 알고 있다. 그렇다면 주주 입장에서 모든 유상증자를 악재라고 할 수 있을까?

매출 대부분이 수주에서 발생하는 반도체장비회사가 어느 날 갑자기 고객인 반도체회사로부터 대량의 장비 주문을 수주하는 경우를 생각해보자. 그 기업은 반도체장비 생산에 필요한 운전자본이 당연히 많이 필요할 것이고, 내부 현금이나 외부차입으로 충분치 않아서 유상증자를 결정하는 경우가 있을 것이다.

유상증자에 따른 발행 주식 수 증가로 주주의 가치가 희석되는 부정적인 부분도 분명 있겠지만, 매출 증가에 따른 기업의 이익 증가라는 긍정적인 효과가 더 클 것이다. 이 경우 유상증자는 악재가 아닌 호재라고 볼 수 있다. 즉 **유상증자는 자본 조달의 목적에 따라 악재일 수도**
부실기업의 필요 운전자금 조달 **호재일 수도**신제품 생산에 필요한 운전자금 조달 **있다.**

특정 기업이 무상증자 실시를 발표하면 해당 기업의 주식이 단기간에 급등하는 모습도 쉽게 목격할 수 있다. 무상증자란 자본의 구성 항목 중 하나인 자본잉여금 항목에 있는 자금을 자본금 항목으로 이동시키는 것이다. 즉 자본총계에는 변화가 생기지 않고 단지 구성 항목만 조정하는 행위에 불과하다.

무상증자를 실시하면 기존 주주는 무상증자 비율대로 주식을 무상으로 받게 되어 공짜로 주식 수가 증가하는 효과를 얻는다. 이론적으로는 무상증자만큼 주가가 권리락되어 기존 주주에게 실질적인 이익은 없지만, 주식 수가 증가한다는 이유로 주가가 급등한다. 따라서 무상증자는 주식시장에서 단기 호재로 작용한다. 하지만 결국 기업의 주가는 기업가치에 회귀하기 마련이기 때문에 장기적으로 무상증자 효과는 대부분 사라진다.

연결손익계산서와 재무상태표 자본 계정에서 지배지분순이익과 비지배지분순이익, 지배지분자본과 비지배지분자본을 확인할 수 있다. 이번에는 이들의 차이점에 대해 자세히 살펴보자.

종속기업명	소재지	지분율(%)	주요영업활동	결산일
Eugenus Inc	미국	100%	반도체장비 제조	12월 31일
(주)유진테크 머티리얼즈(*)	한국	45%	반도체용 산업가스의 제조, 정제 및 판매업	12월 31일
유진태극무역(무석)유한공사(**)	중국	100%	반도체 장비 유지보수, 반도체 장비 수입, 수출	12월 31일

위의 그림은 2019년 말 현재 유진테크의 연결대상 종속기업이다. 연결재무제표를 작성하는 순서는 지배기업유진테크과 종속기업위의 3개 종속회사의 개별재무제표를 단순합산한다. 여기서 단순합산한다는 의미는 지배기업이 보유하고 있는 종속기업의 지분율은 고려하지 않은 채, 지배기업과 종속기업의 재무제표 각 계정과목을 단순합산한다는 뜻이다.

그리고 외부 거래가 아닌 지배기업과 종속기업 간 내부 거래를 모두 제거하고 나서 연결재무제표를 작성하게 된다.

유진테크의 연결재무제표에 나타나는 비지배지분자본과 비지배지분순이익은 유진테크가 보유하고 있지 않은 ㈜유진테크 머티리얼즈의 55% 지분을 보유한 다른 주주의 몫을 표시한 것이다. 이를 제외한 나머지 전체인 지배지분자본과 지배지분순이익이 바로 유진테크 주주의 몫인 것이다.

주식투자자들은 연결손익계산서와 재무상태표를 볼 때 PER, PBR 등 각종 투자지표에 사용되는 지배지분자본과 지배지분순이익을 살펴봐야 한다.

현금 흐름표 읽기

현금흐름표 한눈에 들여다보기

기업마다 현금흐름표 구성에는 다소 차이가 있으나, 큰 틀에서 볼 때 현금흐름표는 다음과 같이 구성되어 있다.

:: 현금흐름표 ::

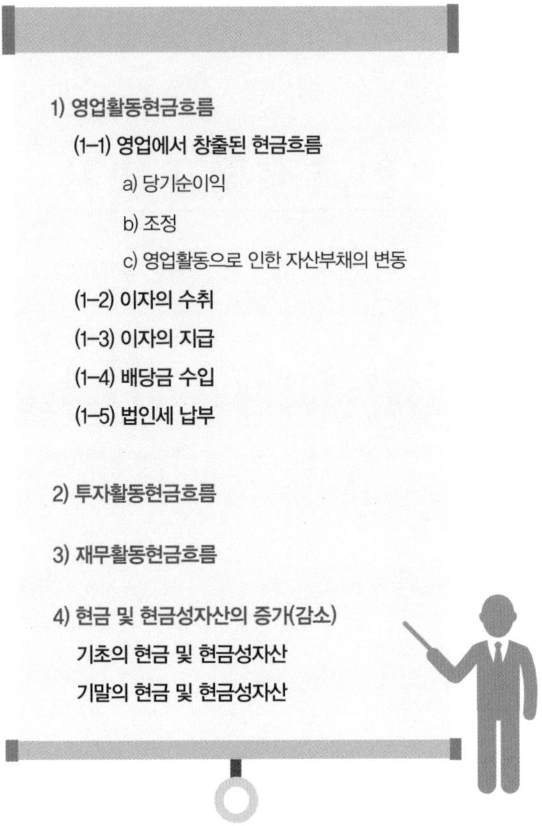

영업활동현금흐름 = (1-1) + (1-2) + (1-3) + (1-4) + (1-5)

현금흐름표는 영업활동현금흐름, 투자활동현금흐름, 재무활동현금흐름으로 구성되어 있다. 먼저 영업활동현금흐름에 대해 알아보자.

1) 영업활동현금흐름

영업활동현금흐름은 기업의 영업활동으로 창출된 실제 현금흐름을 보여준다. 예를 들어 유형자산의 감가상각비는 당기순이익을 계산할 때 매출원가제품 생산 과정에서 발생한 유형자산의 감가상각비, 판매비와 관리비본사 건물, 업무용 차량 등에서 발생한 감가상각비로 나눠서 비용으로 인식하지만, 실제로 현금이 외부로 유출된 것은 아니다.

또한 재고자산평가손실도 매출원가에 비용으로 포함되어 당기순이익을 그 금액만큼 감소시키지만, 재고자산의 가치를 연말에 조정한 것이지 실제로 외부로 현금이 유출된 것은 아니다. 이러한 상세 내용을 영업활동현금흐름 조정 내역에서 확인할 수 있으며, 영업에서 창출된 실제 현금흐름을 보여주기 때문에 현금흐름표에서 가장 중요하게 인식되고 있다는 점을 기억하자.

영업에서 창출된 현금흐름을 당기순이익과 조정, 영업활동으로 인한 자산부채의 변동으로 나눠 현금흐름표에 직접 표기하는 상장기업도 있다. 또는 '영업에서 창출된 현금흐름'으로 전체 금액만 표기하고, 구체적인 조정 내역은 재무제표 주석에 표기하는 기업도 있다. 표기상의 차이일 뿐 공통점은 당기순이익과 영업활동현금흐름이 어느 부분에서 얼마나 차이가 발생했는지 구체적으로 보여주는 것이라고 이해하면 된다.

영업활동 현금흐름	45,382,915	67,031,863	62,162,041
영업에서 창출된 현금흐름	56,635,791	78,025,064	67,777,432
당기순이익	21,738,865	44,344,857	42,186,747
조정	37,442,682	43,604,573	36,211,232
영업활동으로 인한 자산부채의 변동	(2,545,756)	(9,924,366)	(10,620,547)
이자의 수취	2,306,401	1,788,520	1,581,117
이자의 지급	(579,979)	(548,272)	(542,715)
배당금 수입	241,801	215,992	173,305
법인세 납부액	(13,221,099)	(12,449,441)	(6,827,098)

위의 그림은 삼성전자의 현금흐름표 일부분이다. 영업에서 창출된 현금흐름을 당기순이익, 조정, 영업활동으로 인한 자산부채의 변동으로 나눠서 표기하고 있다.

영업활동현금흐름	14,256,743,123	12,292,414,431	(13,431,576,951)
영업으로부터 창출된 현금흐름	20,133,775,339	18,713,992,419	(7,547,231,081)
배당금수취(영업)	0	0	2,256,000
이자지급(영업)	(5,569,070,145)	(5,935,702,273)	(5,036,895,457)
이자수취(영업)	21,646,428	105,070,800	73,737,664
법인세납부(환급)	(329,608,499)	(590,946,515)	(923,444,077)

위의 그림은 플라스틱 사출성형기를 생산하는 우진플라임의 현금흐름표 일부분이다. 삼성전자의 현금흐름표와는 다르게 '영업으로부터 창출된 현금흐름'으로만 표기하고 있다.

구체적인 당기순이익, 조정, 영업활동으로 인한 자산부채의 변동 내역은 재무제표 주석에 자세히 기록하고 있다.

2) 투자활동현금흐름

기업이 영업활동에 필요한 유형자산을 취득하거나 필요 없는 유형자산을 처분한 내역, 여유 현금을 효율적으로 운용하기 위해 수익성 높은 금융자산을 취득하거나 처분한 내역, 타 법인의 지분을 취득하거나 처분한 실제 금액 등을 보여준다.

3) 재무활동현금흐름

기업이 영업활동에 필요한 자금을 외부로부터 차입한 내역, 부채를 상환한 내역, 유상증자를 통해서 자금을 조달한 내역의 실제 금액 등을 보여준다.

기업의 영업활동현금흐름, 투자활동현금흐름, 재무활동현금흐름을 합산해서 당해 연도 현금 및 현금성자산의 증가 또는 감소를 구한다. 증가하거나 감소한 현금 및 현금성자산과 기초 현금 및 현금성자산을 더하면, 기말 현금 및 현금성자산을 구할 수 있다.

기말 현금 및 현금성자산은 기말 재무상태표 현금 및 현금성자산과 금액이 일치한다.

현금흐름표 분석이 필요한 이유

어느 기업이 오늘 원재료 전부를 현금 100원을 주고 매입했다. 그리고 그 원재료를 이용해 제품을 생산해 150원에 전부 외상으로 팔았다고 가정해보자. 계산을 쉽게 하기 위해 기타 비용은 발생하지 않았다고 생각하자.

여러 영업활동이 발생했기 때문에 기업은 재무제표를 작성한다. 손익계산서에는 매출액 150원과 영업이익과 순이익 50원이 발생했다. 재무상태표 유동자산에는 매출채권이 150원 증가하고 현금이 100원 감소했다. 자본 계정의 이익잉여금은 50원 증가하여 재무상태표는 균형을 이루게 된다.

그런데 기업에 현금이 들어오고 나간 실제 내역을 들여다보면, 들어온 현금은 전혀 없고 오히려 100원이 외부로 유출되었다. 회계상으로는 분명히 50원의 이익을 냈는데, 오히려 현금 100원이 기업 외부로 순유출된 것이다.

만일 원재료는 계속 현금을 주고 구입하면서 제품을 생산해 전부 외상으로 판매했다고 가정해보자. 재무제표상으로는 분명히 이익을 내고 있는 것처럼 보인다.

그러나 외상대금을 제때 받지 못한다면 기업은 현금 부족으로 결국 망하게 될 것이다.

이처럼 기업의 회계는 실제 현금의 유출입과는 상관없이 거래가 발생한 시점의 수익과 비용을 인식하는 발생주의 원칙으로 작성한다. 그렇기 때문에, 손익계산서에 나타나는 당기순이익과 영업활동을 통해 실제로 기업에 들어오고 나간 현금에는 차이가 발생한다.

현금흐름표를 분석해야 하는 가장 큰 이유는 바로 당기순이익과 영업활동현금흐름이 어느 부분에서 얼마나 차이가 생겼는지를 조정 내역을 통해 상세히 보여주기 때문이다.

이 점은 우리 주식투자자에게 아주 중요한 내용이다. 자신이 보유하고 있는 종목이 당기순이익을 많이 내는 것처럼 보여지고 있더라도손익계산서, 실제로는 허상에 가까운 당기순이익이라는 것을 현금흐름표 분석을 통해 파악할 수 있기 때문이다.

영업활동으로 인한 자산부채 변동의 영향력

영업활동현금흐름이 기업의 영업활동을 통한 실제 현금흐름을 보여주는 것이라고 설명했다. 이는 기업의 당기순이익과 영업활동현금흐름이 일반적으로 유사한 금액으로 나타난다는 이야기다. 하지만 그렇지 못한 경우도 아주 많이 있다.

다음 기업의 사례를 통해 살펴보도록 하자.

(단위 : 원)

	제 24 기 반기	제 23 기 반기
영업활동현금흐름	1,740,973,189	(13,402,147,851)
당기순이익(손실)	(4,681,841,667)	2,165,969,042
당기순이익조정을 위한 가감	66,635,413	416,416,675
영업활동으로인한자산・부채의변동	6,573,659,255	(15,880,731,256)
이자수취(영업)	2,730,468	32,933,375
이자지급(영업)	(220,210,280)	(136,735,687)
법인세납부(환급)	0	0

위의 그림은 A기업의 영업활동현금흐름의 일부분이다. 제23기 반기 당기순이익은 21억이었으나, 전체 영업활동현금흐름은 마이너스 134억이었다.

주된 이유는 영업활동으로 인한 자산부채의 변동 조정이 마이너스 158억이었기 때문에, 당기순이익을 냈음에도 전체 영업활동현금흐름은 큰 폭의 마이너스를 보였다.

반면에 제24기 반기에는 당기순손실이 46억 발생했음에도 전체 영업활동현금흐름은 17억 플러스였다. 영업활동으로 인한 자산부채의 변동이 65억 플러스 기여를 했기 때문이다.

자세한 조정 내역을 재무제표 주석에서 찾아봤다.

(단위 : 원)

구 분	당반기	전반기
반기순이익(손실)	(4,681,841,667)	2,165,969,042
법인세비용(수익)	152,914,765	(159,981,132)
감가상각비	347,324,199	368,310,828
무형자산상각비	579,037,251	272,074,607
대손상각비	324,779,759	(597,952,992)
하자보수비	(362,425,751)	(739,433,645)
외화환산손익	(936,157,417)	89,534,590
파생상품평가손익	86,672,522	(219,031,634)
유형자산처분손익	(6,128,772)	28,500
채무면제이익	(2,316,440)	-
사채상환손실	6,281,550	-
지분법손익	(110,453,178)	-
정부보조금의 감소(증가)	(450,524,859)	(139,873,743)
매출채권 및 기타채권의 감소(증가)	1,222,821,020	(10,102,724,308)
재고자산	7,986,275,938	(10,370,713,906)
기타유동자산의 감소(증가)	(344,037,041)	(2,230,501,658)
당기손익-공정가치 측정 금융자산의 감소(증가)	-	349,084,070
매입채무및 기타채무의 증가(감소)	(2,641,252,096)	7,159,318,299
기타 유동부채의 증가(감소)	474,263,145	134,076,442
주식보상비용	100,319,468	146,251,006
전환권상각	212,900,605	577,220,095
합 계	1,958,453,001	(13,298,345,539)

위의 그림은 재무제표 주석에서 찾은 A기업의 영업활동현금흐름 조정 내역이다. 매출채권과 재고자산의 변화가 전체 영업활동현금흐름 변동에 가장 큰 영향력을 행사했음을 알 수 있다. 이처럼 단순히 매출채권이나 재고자산, 매입채무 등 자산부채의 변동이 일시적으로 전체 영업활동현금흐름에 결정적인 영향을 미치는 경우도 있다.

특별히 해외 수출기업매출채권 변동성 증가과 수주를 기반재고자산 변동성 증가으로 하는 기업의 경우 영업활동으로 인한 자산부채 변동의 영향력이 전체 영업활동현금흐름에 큰 영향을 미치는 경우가 많다. 그럼에도 우리는 영업활동현금흐름과 당기순이익을 비교함으로써 문제 기업을 확실히 걸러낼 수 있다.

현금흐름 분석을 통한 문제 기업 파악하기

(1) 조정내역

(단위 : 백만원)

구 분	당기	전기
법인세비용	8,693,324	16,815,101
금융수익	(3,831,428)	(3,688,038)
금융비용	2,034,518	2,092,633
퇴직급여	1,171,606	958,793
감가상각비	26,573,816	25,167,112
무형자산상각비	3,023,822	1,314,925
대손상각비(환입)	(183,380)	(48,320)
배당금수익	(154,679)	(131,379)
지분법이익	(412,960)	(539,845)
유형자산처분이익	(304,091)	(387,070)
유형자산처분손실	144,547	90,714
재고자산평가손실 등	785,215	1,948,360
투자자산처분이익	(48,345)	(36,388)
기타	(49,283)	47,975
계	37,442,682	43,604,573

위의 그림은 삼성전자의 2019년 말 재무제표 주석에서 찾은 영업활동현금흐름 조정 내역이다.

삼성전자는 영업에서 창출된 현금흐름을 조정과 자산부채의 변동 내역으로 나눠서 표기한다고 앞에서 설명했다.

(2) 영업활동으로 인한 자산부채의 변동

(단위 : 백만원)

구 분	당기	전기
매출채권의 감소(증가)	2,587,519	3,605,893
미수금의 감소(증가)	(758,928)	907,711
선급금의 감소(증가)	65,325	155,417
장단기선급비용의 감소(증가)	(65,086)	(1,701,983)
재고자산의 감소(증가)	2,134,632	(5,979,475)
매입채무의 증가(감소)	(1,269,177)	(533,609)
장단기미지급금의 증가(감소)	(35,869)	(1,881,303)
선수금의 증가(감소)	440,597	(249,008)
예수금의 증가(감소)	(165,535)	131,931
미지급비용의 증가(감소)	(1,707,265)	501,536
장단기충당부채의 증가(감소)	(198,829)	(539,842)
퇴직금의 지급	(543,864)	(522,849)
사외적립자산의 감소(증가)	(2,316,798)	(626,787)
기타	(712,478)	(3,191,998)
계	(2,545,756)	(9,924,366)

위의 그림은 삼성전자의 2019년 말 재무제표 주석에 나와 있는 영업활동으로 인한 자산부채의 변동 내역이다. 이처럼 기업의 영업에서 창출된 현금흐름의 조정 내역은 항목이 아주 방대하다.

그러나 주식투자자는 모든 조정 항목을 분석할 필요가 없다. 전체 영업에서 창출된 현금흐름에 큰 영향을 미치는 조정 항목은 많지 않기 때문이다. 기업마다 다소간의 차이는 있지만, 대체적으로 삼성전자 전체 조정 내역에서 붉은색 박스를 친 조정 항목이 전체 영업에서 창출된 현금흐름에 많은 영향을 미친다.

주요 조정 항목을 정리하면 다음과 같다.

:: 영업활동현금흐름에 영향을 미치는 주요 조정 항목 ::

	영업활동현금흐름 플러스(+)	영업활동현금흐름 마이너스(-)
1) 매출채권	감소 금액	증가 금액
2) 매입채무	증가 금액	감소 금액
3) 재고자산	감소 금액	증가 금액
4) 감가상각비	감가상각비만큼 플러스 기여	
5) 이자 비용, 법인세 비용	비용만큼 플러스 기여	
6) 이자 지급, 법인세 납부		금액만큼 마이너스 기여

주식투자자들이 영업에서 창출된 현금흐름 조정 내역에서 살펴봐야 하는 주요 조정 항목은 매출채권, 매입채무, 재고자산, 감가상각비, 이자 비용, 법인세 비용, 이자 지급 및 법인세 납부다. 그 외 다른 조정 항목이 전년 대비 혹은 전 분기 대비 금액이 크게 변했다면 그 원인만 따로 파악하면 된다. 기업의 영업활동에 큰 변화가 생겼을 가능성이 높기 때문이다.

가장 확실한 방법은 회사 주식IR 담당자에게 전화를 걸어 확인하는 것이다. 이는 실제로 필자가 재무제표를 분석할 때 자주 쓰는 방법이다.

주요 조정 항목이 영업활동현금흐름에 미치는 영향은 다음과 같다.

1) 매출채권

매출채권이 증가하면 그만큼 외상으로 제품을 판매했기 때문에, 증가 금액만큼 기업으로 현금이 적게 유입되어 영업활동현금흐름에 마이너스가 된다. 반대로 매출채권이 감소한다면 그 금액만큼 매출채권의 대금을 회수한 것이기 때문에, 영업활동현금흐름에 플러스 기여를 한다.

2) 매입채무

매입채무는 매출채권과 정반대의 기여를 한다. 매입채무가 증가하면 그 금액만큼 외상으로 물건을 구입한 것이고, 그만큼 기업의 현금 유출이 적었다는 이야기다. 반면에 매입채무의 감소는 기업이 외상대금을 갚은 것이기 때문에, 그만큼 현금이 기업 외부로 빠져나간 것이다.

3) 재고자산

재고자산이 증가하면 증가분만큼 물건을 팔지 못해서 기업에 현금이 적게 유입되어 결과적으로 마이너스 기여한 것이고, 재고자산 감소는 제품을 더 많이 팔았기 때문이며 플러스 기여한 것이다.

4) 감가상각비

감가상각비는 실제로 현금 유출이 없는 비용이기 때문에, 영업활동현금흐름에 플러스 기여한다.

5) 이자 비용, 법인세 비용

실제 현금 유출이 없었던 손익계산서에 반영된 이자 비용과 법인세 비용도 플러스 기여한다.

6) 이자 지급, 법인세 납부

이자 지급과 법인세 납부는 실제로 현금이 외부로 빠져나간 것이다. 이자 비용, 법인세 비용, 이자 지급, 법인세 납부에 대해서는 다시 자세히 설명할 것이다.

정상적인 기업이라면 당기순이익과 영업활동현금흐름에 큰 차이가 나지 않는 것이 일반적이다. 전문가들은 이를 '이익의 질'이라고 표현한다. 매출채권과 매입채무는 증가와 감소를 반복하기 때문에, 그 영향력이 장기적으로는 중립이다. 정상적인 기업이라면 증가한 매출채권을 회수하기 때문이다. 마찬가지로 증가한 매입채무 역시 언젠가는 상환해야 할 부채이기 때문에, 감소하는 것이 정상이다.

재고자산은 매출이 증가하면 자연스럽게 늘어난다. 재고자산의 증가는 영업활동현금흐름에 마이너스 영향을 미친다. 이자 지급과 법인세 납부는 영업활동현금흐름에 마이너스 기여하지만, 규모가 비슷한 이자 비용과 법인세 비용이 플러스 기여한다. 반면에 규모가 큰 감가상각비는 영업활동현금흐름에 플러스 기여한다.

결론적으로 영업활동현금흐름은 당기순이익보다 크거나 최소한 비슷한 수준을 유지하는 것이 정상적인 기업이다.

앞에서 살펴본 A기업의 경우처럼 규모가 큰 자산부채의 변동으로 인해서 특정 시점의 영업활동현금흐름이 당기순이익과 크게 차이가 발생하는 경우는 일시적으로 기업의 실제 영업활동으로 발생한 현금흐름을 정확하게 반영하는 것이 아닐 수 있다.

하지만 **당기순이익과 영업활동현금흐름에 수년간 계속해서 큰 차이가 발생한다면 이는 분명히 문제가 있는 기업이다.** 정상적인 기업에서는 절대로 수년간 당기순이익과 영업활동현금흐름에 큰 차이가 발생할 수 없다. 예를 들어 매출채권이 수년간 지속적으로 증가해서 당기순이익과 영업활동현금흐름에 지속적으로 큰 차이가 생겼다면, 과연 이를 누가 합리적으로 설명할 수 있겠는가?

우리는 그런 기업에는 절대로 투자해서는 안 된다. 주식투자자들이 현금흐름표를 분석해야 하는 가장 중요한 이유다.

(단위 : 원)

	제 23 기	제 22 기	제 21 기
영업활동현금흐름	(2,901,691,786)	(1,444,572,136)	(4,214,822,884)
당기순이익(손실)	7,834,589,619	(7,157,692,826)	9,723,029,815
당기순이익조정을 위한 가감	2,385,317,231	11,065,958,659	8,416,288,867
영업활동으로인한자산・부채의변동	(12,777,624,614)	(5,025,879,549)	(21,592,931,185)
이자수취(영업)	48,796,175	19,434,625	45,446,411
이자지급(영업)	(392,770,197)	(346,393,045)	(806,656,792)
법인세납부(환급)	0	0	0

앞쪽의 그림은 어느 상장기업의 현금흐름표 일부분이다. 제21기와 제23기는 당기순이익을 냈지만, 전체 영업활동현금흐름은 마이너스였다. 제22기에도 당기순이익과 영업활동현금흐름은 적지 않은 차이를 보이고 있다. 그 주된 이유는 영업활동으로 인한 자산부채의 변동이 지속적으로 큰 폭의 마이너스를 보였기 때문이다.

필자가 재무제표 주석에서 확인해본 결과, 이는 지속적인 매출채권의 증가가 가장 큰 이유였다. 그 이후 이 회사는 매출채권 회수에 문제가 생겼고, 회수하지 못한 매출채권을 대규모 손실대손상각 처리하면서 큰 폭의 당기순손실을 기록했다.

영업활동현금흐름 과대 포장 사례

현금흐름표, 특히 영업활동현금흐름이 중요하게 인식되면서 현재 일부 상장기업들은 영업활동현금흐름을 양호한 것처럼 보이게 하려고 노력하고 있다. 주식투자자들은 그런 기업들을 조심해야 한다. 영업활동현금흐름처럼 기업의 중요한 재무제표 부분을 포장하는 기업이라면, 다른 부분에서도 충분히 과대 포장하는 기업일 수 있기 때문이다.

이는 기업 CEO의 경영 마인드를 간접적으로 보여주는 사례이기도 하다. 재무제표를 작성하는 업무 담당자가 대표이사에게는 보고하지도 않고 독단적으로 재무제표를 과대 포장하지는 않기 때문이다.

영업활동현금흐름에 이자 지급을 포함시켜야 하는 이유

2011년부터 모든 상장기업은 K-IFRS한국채택국제회계기준를 의무적으로 적용하고 있다. K-IFRS는 이자의 수취와 지급, 배당금의 수취와 지급의 경우 회사가 매 회계 기간 일관성 있게 작성한다면 영업활동, 투자활동, 재무활동현금흐름 중 어느 곳으로든 분류해서 적용하도록 허용하고 있다.

대부분의 기업들은 이자의 수취와 지급을 영업활동현금흐름에 적용하고 있다. 삼성전자 등 글로벌 대기업뿐만 아니라 중소기업 대부분은 이자 지급을 영업활동현금흐름에서 마이너스시키고 있다.

심지어 위에서 예로 든 당기순이익과 영업활동현금흐름에 지속적으로 큰 차이가 나는 기업조차도 이자 지급을 영업활동현금흐름에서 마이너스시키고 있다.

연결 현금흐름표

제 20 기 2019.01.01 부터 2019.12.31 까지

제 19 기 2018.01.01 부터 2018.12.31 까지

제 18 기 2017.01.01 부터 2017.12.31 까지

(단위 : 원)

	제 20 기	제 19 기	제 18 기
영업활동현금흐름	21,592,144,346	64,354,831,373	32,265,483,443
세전이익(손실)	30,796,673,801	71,130,878,659	28,708,179,107
세전이익조정을 위한 가감	3,593,205,016	1,376,633,516	6,337,814,040
이자수취(영업)	801,567,124	390,004,046	177,450,348
이자지급(영업)	(628,027,155)	(485,371,124)	(337,373,160)
법인세납부(환급)	(12,971,274,440)	(8,057,313,724)	(2,620,586,892)

앞쪽의 그림은 반도체 테스트 장비회사인 유니테스트의 2017년부터 2019년 말까지의 현금흐름표 일부분이다. 대부분의 다른 기업들처럼 이자 지급과 이자 수취를 영업활동현금흐름에 반영하고 있다.

다음의 그림을 보자.

이자비용	550,858,069	486,030,668
주식보상비용	11,725,067	-
기타의대손상각비	506,929,900	20,928,768
파생상품평가손실	-	69,732,408
외화환산손실	965,527,635	403,335,360
유형자산처분손실	200,031,145	-
무형자산손상차손	222,919,851	1,166,121,746
이자수익	(632,717,698)	(496,726,350)

위의 그림은 재무제표 주석에서 확인한 영업에서 창출된 현금흐름유니테스트는 '세전이익 조정을 위한 가감'으로 표기했다 조정 내역의 일부분이다. 이자 지급마이너스 영향, 이자 수취플러스 영향와는 반대로 이자 비용은 플러스, 이자수익은 마이너스 영향을 미치고 있다.

이와 관련해서 일부 회계서적에서는 실제로 현금 유출이 없는 이자 비용은 플러스해주고, 실제로 현금이 유입되지 않은 이자수익은 마이너스시키는 것이라고 단순하게 설명하고 있다. 그리고 실제로 현금이 유입된 이자 수취는 더해주고, 실제로 현금이 외부로 유출된 이자 지급은 마이너스시킨다고만 설명한다.

이에 대해 좀 더 자세히 알아보자.

상장기업이 연결손익계산서에서 당기순이익을 계산할 때 반영하는 금융 비용은 발생주의 회계 처리 원칙에 따라 작성되었기 때문에, 실제 외부로 현금 유출된 이자 비용과 그렇지 않은 이자 비용이 섞여 있다.

이해를 돕기 위해 다음의 상황을 살펴보자.

어느 상장법인이 2018년 10월 1일 원금과 이자를, 1년 뒤 만기일에 일시 상환하는 조건으로 은행으로부터 100억을 차입하는 경우를 가정해보자.

대출 원금과 이자의 실제 현금 유출이 발생하는 시점은 2019년 9월 30일이지만, 발생주의 회계 원칙에 따라 2018년 10월 1일부터 2018년 12월 31일까지 3개월간의 대출금 100억에 대한 이자 부분은 2018년 말 연결손익계산서 당기순이익 계산 시 금융 비용으로 반영된다.

그러고 나서 당기순이익 계산에 금융 비용으로 반영되었지만 실제로 현금 유출이 없는 이자이기 때문에, 2018년 말 영업활동현금흐름 조정 내역에서 이자 비용으로 플러스시키는 것이다.

2019년도 9월 30일에 실제 납부한 1년치 이자 부분은 2019년 말 영업활동현금흐름에서 이자 지급으로 마이너스시킨다. 여기에는 2018년도 손익계산서에 금융 비용으로 반영되었던 3개월2018. 10. 01 ~ 2018. 12. 31치의 이자 부분도 포함되었다.

2019년 말 영업활동현금흐름에서 마이너스시킨 이자 지급 부분에는 2019년도 손익계산서에 반영된 실제 현금이 유출된 이자 부분도 있겠지만, 위의 사례처럼 2018년 말 손익계산서에 이미 금융 비용으로 반영된 부분도 섞여 있다.

다음 그림을 보면 좀 더 이해하기 쉬울 것이다.

1년 뒤 원금과 이자 상환 조건으로 100억 대출

VS

원금과 이자 일시 상환

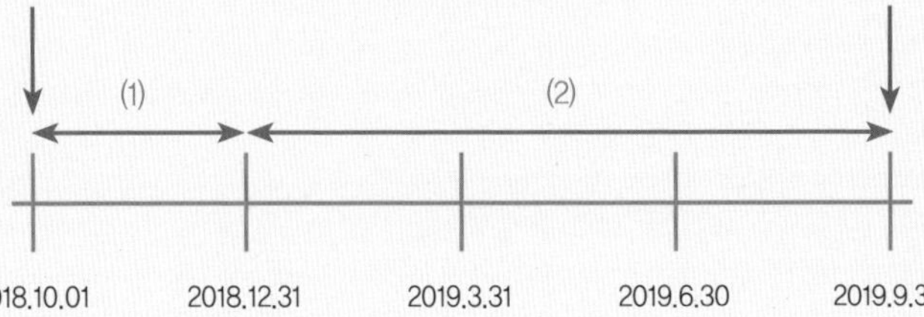

《주식투자자 관점에서 재무제표 행간을 읽어라》(2020년)에서 인용

(1) 2018. 10. 01~2018. 12. 31 3개월 이자(실제 현금 유출 없음. 2018년 말 연결손익계산서에 금융 비용으로 당기순이익을 감소시킴. 2018년 말 영업활동현금흐름 조정 내역에 이자 비용으로 플러스시킴)

(2) 2019년 말 연결손익계산서 당기순이익 계산 시 금융 비용(9개월 이자)으로 반영. 실제 이자를 지급한 2019년 말 영업활동현금흐름에 이자

지급으로 1년간의 이자 마이너스시킴. 마찬가지로 실제 현금유입은 없었고, 당기순이익 계산 시 반영되었던 이자수익은 영업활동현금흐름 조정 내역에서 이자수익으로 마이너스시킨다. 반대로 실제 현금유입이 있었던 이자 수익은 영업활동현금흐름에서 이자 수취로 플러스시키는 것이다.

현재 모든 상장기업들이 당기순이익 계산에는 반영되었으나 실제 현금 유출이 없는 이자 비용을 영업활동현금흐름 조정 내역에 포함시켜서 플러스를 시켜주고 있다.

그렇기 때문에 실제로 외부로 현금 유출이 일어난 이자 지급도 영업활동현금흐름에 포함해서 마이너스시켜야 합리적인 회계 작성이라 할 수 있다.

현금 유출이 없는 이자 비용은 영업활동현금흐름에 포함시켜서 플러스를 하고, 실제 현금 유출이 발생한 이자 지급은 영업활동현금흐름이 아닌 재무활동현금흐름실제 일부 상장기업들은 재무활동현금흐름에 이자 지급을 포함시켜 마이너스시키고 있다에 포함해서 마이너스시킨다면, 이는 당기순이익보다 분명히 영업활동현금흐름을 과대 포장하는 행위가 되는 것이다.

그래서 필자는 K-IFRS가 상장법인들에게 영업활동현금흐름을 실제보다 과대 포장할 수 있는 합법적인 방법을 제공해준 결과가 되었다고 생각한다.

대부분의 기업들이 이자 지급을 영업활동현금흐름에 포함해서 마이너스시키는 상황이다. 그런데 **이자 비용은 영업활동현금흐름에 플러스**

시키고, 굳이 이자 지급은 재무활동현금흐름에서 마이너스시킨다면 그 기업은 분명 회사의 영업 성과를 잘 보이게 포장하려는 의도를 가지고 있는 것이다.

이런 세세한 부분까지 포장하는 기업이라면 충분히 다른 부분에서도 기업의 경영 성과를 잘 보이게 포장하려는 성향이 강한 기업일 것이다. 필자는 그런 기업에는 굳이 투자할 필요가 없다고 생각한다.

재무활동현금흐름	(53,282,395,338)	(12,899,317,785)
재무활동으로 인한 현금유입액	21,497,183,145	16,348,244,660
단기금융부채의 증가	11,757,630,204	16,154,978,533
장기금융부채의 증가	9,475,824,298	
보통주의 발행	263,728,643	193,266,127
재무활동으로 인한 현금유출액	(74,779,578,483)	(29,247,562,445)
이자의 지급	(3,941,661,815)	(5,059,508,417)
단기금융부채의 감소	(26,377,146,224)	(24,187,072,028)

위의 그림은 어느 상장기업의 재무활동현금흐름 일부분이다. 이자의 지급을 재무활동현금흐름에서 마이너스시키고 있는 것을 볼 수 있다.

다음의 그림을 살펴보자.

분기순이익	63,021,445	81,517,736
조정 항목:		
법인세비용	18,384,184	32,170,448
재고자산평가충당금	2,731,357	1,438,378
주식보상비용	4,819,057	1,812,498
감가상각비	11,238,079	10,281,795
무형자산상각비	25,747,546	19,047,001
대손상각비(환입)	(59,503)	(134,273)
기타의대손상각비(환입)	(1,694)	(1,161)
외화관련손실	798,533	7,493,971
외화관련이익	(1,930,359)	(255,014)
당기손익-공정가치측정금융자산 평가이익	(2,103,215)	-
당기손익-공정가치측정금융자산 평가손실	38	38,884
당기손익-공정가치측정금융자산 처분이익	(508,784)	(17,889)
지분법손익	173,931	864,014
파생상품평가손실	1,773	-
이자비용	2,822,883	4,101,016
이자수익	(2,833,953)	(2,093,482)

이자의 지급을 재무활동현금흐름에서 마이너스시키고 있는 기업도 이자 비용은 영업활동현금흐름 조정 항목에서 플러스시키고 있다. 현재 적지 않은 상장기업이 이자 지급을 재무활동현금흐름에서 마이너스시키고 있다.

그 결과 영업활동현금흐름이 이자 지급 금액만큼 증가하게 된다. 이는 분명 잘못된 회계 처리라고 생각한다.

PART 3

잘못 알려진 투자지표 제대로 이해하기

물적분할로 기존 LG화학 주주가 피해를 입을 수밖에 없는 이유?

2020년 9월 LG화학은 물적분할을 공시했다. 분할 후 분할회사LG화학 : 전지사업 부문을 제외한 모든 사업 부문는 상장법인으로 종속하고, 기업의 핵심사업부인 전지사업 부문자동차전지, ESS전지, 소형전지을 영위하는 분할신설법인엘지에너지솔루션은 비상장법인으로 남는다는 것이 공시의 주된 내용이었다. 공시 이후 LG화학의 주가는 일시적으로 하락했다가, 전기자동차와 관련된 주식시장의 뜨거운 관심 속에 주가가 100만 원을 넘기기도 했다.

주식시장에서는 현재 물적분할의 문제점이 제대로 언급되지 않고 있다. 이에 필자는 물적분할의 문제점을 소신껏 제기하고자 한다. 문제가 있는 부분에 대해 입을 다물고 있는 것은 분명 잘못된 행동이라는 판단 때문이다.

2021년 배터리가치 56조원, 목표주가 110만원!

2020년 영업이익 2.4조원, 162% 증가…

2020년 LG화학㈜ 잠정 실적(2021.1.27일 컨퍼런스 콜)은 '매출액 30.1조원, 영업이익 2조 3,532원(영업이익률 7.8%, 전년 8,956억원), 지배주주 순이익 9,169억원' 등이다. 영업이익 규모는 2019년 8,956억원 대비 162% 급증했지만, 전환사채가 주식으로 전환되는 과정에서 옵션손실△4,200억원(영업외비용)이 발생되었다.

위의 그림은 2021년 1월에 나온 LG화학에 대한 어느 증권회사 애널리스트 리포트의 일부다. LG화학의 2021년 배터리가치를 56조 원으로 산정해서 목표주가를 110만 원으로 상향한다는 제목이다.

이제 위의 리포트가 얼마나 잘못된 내용인지 살펴보도록 하자.

인적분할 vs 물적분할

먼저 인적분할과 물적분할 방식의 차이점에 대해서 살펴보자. LG화학을 예로 들면 인적분할은 기존 LG화학의 주주들이 원래 지분율 비율로 신설 법인의 주식을 나눠 갖는 방식이다. 인적분할된 두 회사 모두 상장이 되어 기존 주주 입장에서는 변화가 없다.

그림으로 설명하면 다음과 같다. 계산의 편의를 위해 LG화학의 시가총액을 60조로 하고, 화학과 전지사업부만 있다고 가정했다.

LG화학 인적분할

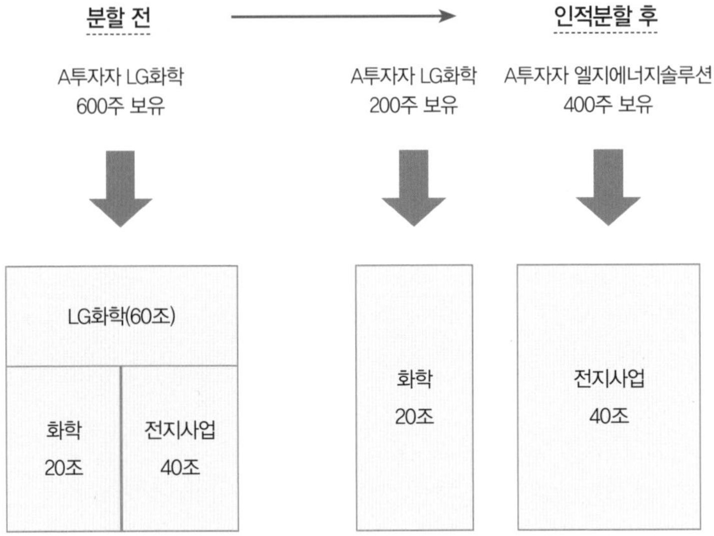

화학, 전지사업 각각 분할 후 재상장 : 시가총액 60조 유지

반면에 물적분할은 기존 LG화학의 특정사업부전지사업부를 분할신설회사로 설립하고, 이에 대한 지분을 LG화학이 100% 소유해 지배권을 행사하는 형식의 분할 방법이다.

그림으로 설명하면 아래와 같다.

LG화학 물적분할

A투자자 LG화학 600주 보유

기존 LG화학 투자자는 물적분할 후 화학사업부만 남은 LG화학 주식만 직접 보유.

LG화학
화학사업부 : 60조

엘지에너지솔루션 지분 100% 소유하고 있기 때문에 주식시장에서 가치를 인정받아 LG화학 시가총액 60조 유지.

100% 지분 보유

기존 LG화학 주주는 분할신설법인인 엘지에너지솔루션 지분 간접 보유.

엘지에너지솔루션
전지사업부 : 40조

상장 이후 전지사업 가치로 시가총액 40조 유지.

물적분할 이후 기업 가치 총 100조 : LG화학 60조 + 엘지에너지솔루션 40조

위와 같은 방식이 바로 물적분할이다. 여러분은 혹시 여기서 이상한 부분을 발견했는가?

그렇지 못하다면 다음의 예를 자세히 보자. 다음의 내용은 물적분할에 대한 이해를 돕기 위해 가상의 시나리오를 만든 것이니 오해가 없기를 바란다.

LG화학의 물적분할에 대한 뉴스를 전해 들은 삼성전자 경영진은 삼성전자의 물적분할을 곧바로 결정했다. 삼성전자는 한술 더 떠서 기존 삼성전자를 존속법인인 지주회사로 남겨두고 반도체, 모바일, 디스플레이 모든 사업부에 대한 물적분할을 공시했다. 단순하게 반도체, 모바일, 디스플레이 사업부만 존재하며, 시가총액은 700조라고 가정했다.

:: 마법의 삼성전자 물적분할 ::

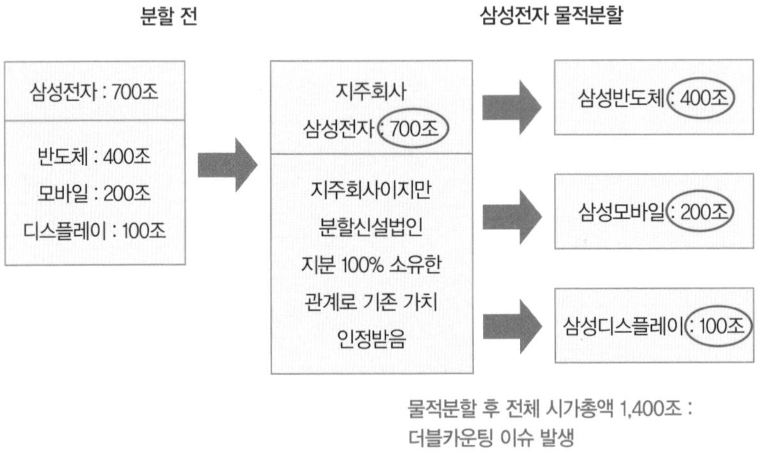

물적분할의 달콤함을 알게 된 삼성전자는 물적분할의 유혹을 물리칠 수 없어 다시 한번 물적분할을 공시한다. 이제 노골적으로 물적분할을 실시하는 물적분할 전문기업으로 변신했다.

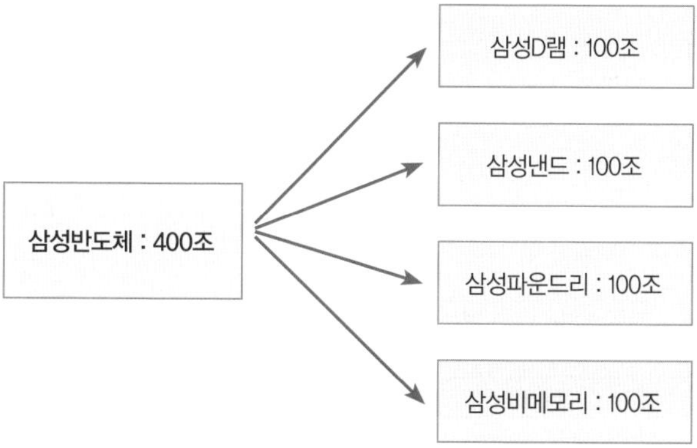

삼성반도체는 추가적인 물적분할로 400조의 가치를 새롭게 창출했다. 이에 자극을 받은 삼성모바일 역시 물적분할을 결정한다. 외부에 발표한 물적분할의 이유는 사업부별로 역량을 집중함으로써 해당 사업 부문의 전문성 및 시장 지배력을 강화한다는 것이었다.

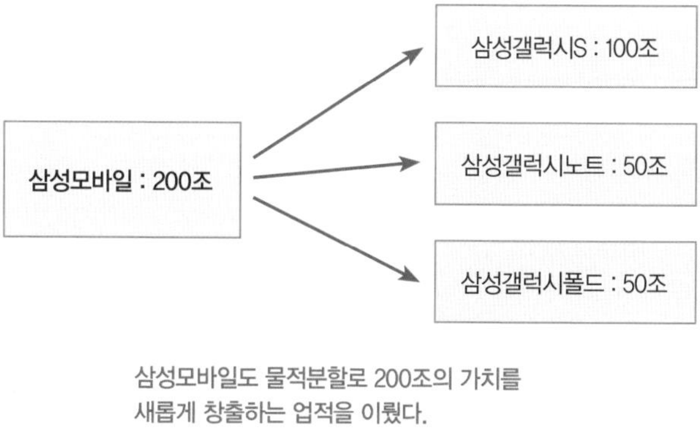

삼성모바일도 물적분할로 200조의 가치를
새롭게 창출하는 업적을 이뤘다.

참고로 삼성반도체에서 물적분할되어 설립된 삼성D램은 조만간 주간 생산사업부와 야간 생산사업부로 회사를 물적분할하기로 내부적인 방침을 세웠다. D램반도체 생산의 전문성을 높여서 생산 효율화를 극대화한다는 것이 표면적인 목적이다.

이제 우리는 물적분할의 문제점을 분명하게 이해할 수 있다. 물적분할 이후 기존 존속회사는 신설법인의 지분을 100% 소유하기 때문에 이론적으로는 그 가치를 인정받는 것이 맞다. 그러나 위에서 가상의 예를 든 삼성전자의 경우처럼 이론적으로 물적분할을 통해 수없이 많은 가공의 기업가치를 새롭게 창출할 수 있는 것도 사실이다.

즉 **더블카운팅 이슈가 발생하는 것이 물적분할의 가장 큰 문제점이다.** 따라서 필자는 물적분할은 대단히 잘못된 기업분할 방식이기 때문에 금지시켜야 한다고 생각한다. 필자는 LG화학이 물적분할을 결정하는 공시를 했을 때, 물적분할로 인해 존속법인인 LG화학의 적정 주가를 50만 원화학사업부의 가치에 엘지에너지솔루션 지분가치 일부 인정 이하로 판단했다. 그러나 주식시장에서 인정받고 있는 LG화학의 주가는 2021년 5월, 80만 원 수준이다.

물적분할, 수없이 쪼개도 작아지지 않는 마법의 사과

물적분할의 또 다른 문제점은 기존 주주에게 피해가 발생하는 동시에, 회사 입장에서는 인적분할과 달리 물적분할을 통해 대규모의 자본적 이

득이 가능하다는 점이다. 물적분할을 통해 탄생한 분할신설법인인 엘지에너지솔루션은 전기차와 관련한 전지사업 확장을 위해 3자 배정 유상증자, 전환사채, 인수인수권부사채 발행 등을 통해 신규 자금 조달이 가능해진다. 또한 엘지에너지솔루션이 신규 상장하게 되면 공모를 통해 대규모 자금 조달도 가능해진다.

두 경우 모두 기존 엘지에너지솔루션 지분을 100% 소유하고 있던 LG화학의 지분율 하락으로 이어질 수밖에 없고, 엘지에너지솔루션 간접 소유로 인해 아무런 자본적 이득이 없는 기존 LG화학 주주의 가치 훼손으로 이어질 수밖에 없다.

그렇다면 현재 주식시장에서 전지사업부의 가치를 100% 인정받아 80만 원 수준의 주가를 유지하고 있는 LG화학은 현재 주가 수준을 계속 유지할 수 있을까?

필자의 생각은 '절대 아니다'이다. 여러분은 SK텔레콤 주식을 매수하면서 SK하이닉스 주식을 매수했다고 생각하는가?

현재 SK하이닉스의 최대 주주는 SK텔레콤이다. 혹시 SK텔레콤 주식을 매수하면서 반도체회사인 SK하이닉스 주식을 매수했다고 좋아하는 투자자가 있을까?

그런 투자자가 있다면 모두 제정신이 아니라고 생각할 것이다. LG화학에서 물적분할된 엘지에너지솔루션은 머지 않아 상장할 것이다. 그렇게 된다면 현재 100% 지분을 가지고 있는 LG화학의 지분율은 당연히 희석이 될 것이다. 엘지에너지솔루션이 상장하면 지분율에는 차이가 발생하지만, LG화학과 엘지에너지솔루션의 관계는 SK텔레콤과 SK

하이닉스 관계와 같아지게 된다.

필자는 신설법인인 엘지에너지솔루션이 상장되면, 그 순간부터 LG화학의 주가는 하락할 것이라 판단한다. 기존 LG화학 투자자 대부분은 화학사업부가 아닌 전지사업부의 성장성을 믿고 LG화학 주식을 매수했을 것이다.

따라서 전지사업을 전문으로 하는 엘지에너지솔루션이 상장하면, 국내 기관투자자들과 외국인투자자 중심으로 LG화학의 기존 주주들 중 상당수는 LG화학 주식을 팔고 순수 전지사업회사인 엘지에너지솔루션을 매수할 것으로 예상한다.

이에 필자는 매도 물량이 증가하면서 LG화학 주가가 하락할 것이라 예상한다. 물적분할에 대한 설명은 필자의 개인적인 판단이며, 다른 전문가는 필자와 전혀 다른 주장을 할 수도 있다. 필자는 모든 전문가의 의견을 존중한다.

유보율이 높은 기업은 진짜 재무안정성이 뛰어난 기업일까?

우리는 일상생활에서 예의를 갖춰 상대방을 대하는 것을 미덕으로 여긴다. 그러나 필자는 평소 주식투자에 있어서만큼은 예의범절과 격식을 따지는 일이 결코 올바른 행동이 아니라고 생각한다. '좋은 게 좋은 것'이라고 하면서 주식투자와 관련된 잘못된 설명이나 주장을 그대로 넘어간다면, 그 피해는 오롯이 초보투자자의 몫이 될 것이기 때문이다.

주식투자는 우리의 소중한 자산과 직결된다. 따라서 적당히 넘어가서는 절대 안 된다. 지금부터 주식투자와 관련되어 잘못 알려지고 있는 몇 가지를 재무비율과 투자지표 중심으로 살펴보고자 한다. 이를 적당히 넘어간다면, 그 결과 잘못된 정보 전달이 계속되면서 주식투자자, 특히 초보투자자에게 아주 위험한 상황이 발생할 수 있기 때문이다.

물론 필자의 주장에도 잘못이 있을 수 있다. 그러나 이런 비판과 반론 과정을 통해 우리는 확실히 올바른 주식투자 방향으로 나아갈 수 있다. 필자는 그 어떤 비난이나 반론도 기꺼이 겸허하게 받아들일 준비가 항상 되어 있다.

첫 번째로 유보율에 대해 알아보자. 기업의 재무안정성을 나타내는 대표적인 지표 중 하나가 바로 유보율이다. 그리고 많은 주식투자자들이 잘못 알고 있는 재무지표 또한 유보율이다. 우리는 유보율이 높은 기업은 현금도 많이 가지고 있고, 재무적으로 안정성이 뛰어난 기업이라고 생각한다. 따라서 재무제표에서 기업의 유보율만 확인하고 재무적으로 문제가 없는 기업이라고 판단을 내리기 쉽다.

유보율을 계산하는 공식 먼저 살펴보자.

유보율 = (이익잉여금 + 자본잉여금) / 자본금(납입자본금) × 100(%)

유보율은 내부유보율이라고도 표현하는데, 흔히 기업이 동원할 수 있는 자금력을 측정하는 지표라고 설명한다. 그러나 이는 잘못된 설명이다. 기업은 이미 이익잉여금이나 자본잉여금을 현금 및 현금성자산, 매출채권, 유형자산, 재고자산 등의 여러 형태로 가지고 있다.

유보율이 높은 기업이 현금을 많이 가지고 있다는 주장은 잘못된 설명이며, 유보율이 높은 기업은 창업 이후 영업활동을 하면서 지배지분순이익을 꾸준히 사내로 유입시킨 회사라는 표현이 더 정확하다. 왜냐하면 유보율을 구하는 공식에 따르면 유보율이 높아지기 위해서는 분자인 이익잉여금이나 자본잉여금이 증가해야 하기 때문이다. 자본잉여금이 증가한다는 이야기는 유상증자를 했다는 뜻이며, 이는 분모인 자본금도 동시에 증가하는 결과로 이어진다.

따라서 유상증자를 통한 자본잉여금의 증가는 기업의 유보율을 높여주지 못한다. 결국 **기업의 유보율이 올라가기 위해서는 분모의 증가가 없는 이익잉여금이 증가해야 한다. 즉 꾸준히 이익을 낸 오래된 기업일수록 유보율이 높은 기업일 가능성이 높다.**

기업의 현금흐름표를 살펴보면 매년 현금 및 현금성자산의 증가 추이가 기업의 당기순이익 대비했을 때 아주 적은 경우가 많다. 이는 투자활동유형자산의 취득 등이나 재무활동차입금 상환 등으로 인해 실제 순현금유입이 적기 때문이다. 아무리 유보율이 높아도 기업이 가지고 있는 현금의 대부분을 설비투자 등에 이미 사용했다면, 실적 부진으로 재고가 쌓이거나 매출채권 회수가 부진한 상황이 지속된다면 최악의 경우 심각한 자금난에 빠질 수도 있다.

또한 유보율이 높은 기업은 당연히 부채비율도 낮은 기업이라는 판단을 내리기 쉽다. 물론 유보율이 높은 기업들 중 상당수는 부채비율도 낮은 상태를 유지하고 있다. 그런 기업은 영업활동에 필요한 자금을 벌어들인 이익잉여금으로 충당해왔음을 의미한다. 그러나 우리는 유보율도 높고 부채비율도 높은 회사를 어렵지 않게 찾아볼 수 있다.

주요재무정보	최근 연간 실적				최근 분기 실적					
	2017.12	2018.12	2019.12	2020.12 (E)	2019.09	2019.12	2020.03	2020.06	2020.09	2020.12 (E)
	IFRS 연결	IFRS 연결	IFRS 연결	IFRS 연결	IFRS 연결	IFRS 연결	IFRS 연결	IFRS 연결	IFRS 연결	IFRS 연결
매출액(억원)	2,296	1,719	1,818		407	547	527	486	441	
영업이익(억원)	62	-118	-83		-14	-2	15	17	20	
당기순이익(억원)	7	-136	-136		-26	-33	16	7	10	
영업이익률(%)	2.71	-6.85	-4.58		-3.55	-0.45	2.80	3.43	4.45	
순이익률(%)	0.32	-7.91	-7.48		-6.35	-6.11	3.11	1.51	2.37	
ROE(%)	0.92	-18.39	-22.80		-21.49	-22.81	-11.81	-6.24	0.14	
부채비율(%)	285.93	331.16	408.80		394.37	408.80	409.86	403.99	383.26	
당좌비율(%)	41.21	55.15	33.64		48.34	33.64	40.50	41.06	41.59	
유보율(%)	1,471.37	1,185.98	906.25		978.95	906.25	938.99	953.54	974.35	

위의 그림은 플라스틱 사출성형기 제조회사인 우진플라임의 최근 실적이다. 우진플라임은 유보율이 높은 동시에 부채비율도 높다.

이처럼 영업에 필요한 자금을 자본금 증가가 아닌 외부차입으로 조달해 이익을 내는 기업일수록 유보율과 부채비율이 동시에 상승하는 것을 알 수 있다.

유동비율은 비율 자체보다 질이 훨씬 중요하다

《1초 만에 재무제표 읽는 법》의 저자 고미야 가즈요시는 단 1초만 재무제표를 볼 수 있다면, 자신은 유동비율을 본다고 말했다. 기업의 재무안정성을 나타내는 지표 중 기업의 단기자금 상환 능력을 보여주는 유동비율이 가장 중요하다는 주장이다. 필자뿐만 아니라 대부분의 주식투자자들은 유동비율이 나타내는 수치에만 관심을 가진다.

그러나 유동비율 단순 수치보다 훨씬 중요한 것은 바로 유동비율의 질이다. 그 부분에 대해 자세히 알아보자.

재무제표에서 유동성은 기업이 현금화할 수 있는 능력이나 부채 상환을 위해 현금을 조달할 수 있는 능력을 보여준다고 알려져 있다. 기업이 영업활동을 지속하기 위해서는 경제적 의무인 채무를 상환해야 하며, 그렇지 못한 경우 기업은 도산하게 된다. 그래서 많은 전문가들은 유동성을 인체의 혈액으로 비유한다. 혈액순환이 원활해야 건강을 유지할 수 있기 때문이다. 유동비율을 구하는 공식은 다음과 같다.

유동비율 = 유동자산/유동부채 × 100(%)

즉 유동비율은 기업이 1년 이내에 갚아야 하는 부채와 비교했을 때 1년 이내에 현금화가 가능한 자산을 어느 정도 보유하고 있는지를 보여준다. 모든 주식시장 참여자들은 당연히 유동비율이 높은 기업이 재무안정성이 뛰어난 기업이라고 생각한다. 과연 그럴까?

먼저 유동자산과 유동부채의 주요 구성 항목을 살펴보자.

유동자산	유동부채
현금 및 현금성자산 매출채권 재고자산 단기금융상품 선급금	단기차입금 유동성 장기부채 매입채무 미지급금 선수금 각종 충당부채

먼저 유동자산 중 현금화 속도가 가장 빠른 항목은 당연히 현금 및 현금성자산과 단기금융상품이다. 자금이 급하게 필요한 경우 기업은 은행 예금단기금융상품 등을 해지하고 현금화할 수 있다. 그다음은 매출채

권이다. 문제는 매출채권을 회수하는 데 시간이 걸린다는 점이다.

재고자산은 현금화가 가장 쉽지 않다. 기업 대부분이 보유한 재고자산은 팔리지 않기 때문에 재고로 가지고 있는 자산이다. 선급금은 선수금과 반대의 개념으로 상대방 회사와 제품이나 서비스를 공급받기로 계약을 맺고, 계약금 형식으로 미리 지급한 금액이다. 선급금은 현금화가 가능한 자산이 아닌 제품이나 서비스를 공급받을 권리를 표시하는 자산이다.

다음으로 유동부채의 주요 구성 항목을 살펴보자. 단기차입금과 유동성 장기부채는 현금 지급 의무뿐만 아니라 이자까지 상환해야 하는 부담이 있는 유동부채로 기업 입장에서는 가장 부담이 큰 유동부채다. 매입채무와 미지급금 역시 현금 지급 의무가 있는 유동부채다. 다만 이자가 발생하지 않기 때문에 단기 차입금이나 유동성 장기부채보다는 기업에 부담이 덜 되는 유동부채다.

선수금은 현금 지급 의무가 아닌 제품이나 서비스를 제공할 의무가 있는 성격의 부채다. 따라서 현금 부담이 없는 유동부채다. 마지막으로 충당부채는 이미 손실 처리한 부채이며 실제로 비용이 발생하는 경우 현금 유출이 이루어지게 된다. 그러나 실제 비용이 현실화되지 않으면, 충당금환입으로 이익이 증가회계상의 이익하고 현금 유출은 발생하지 않는다. 따라서 차입금 성격의 유동부채보다는 기업에 현금 부담이 덜한 부채다.

기업에 유리한 순서로 유동자산과 유동부채를 다시 구성해보면 다음과 같다.

:: 기업 입장에서 유리한 유동자산과 유동부채 순서 ::

유동자산	유동부채
1) 현금 및 현금성자산 2) 단기금융상품 3) 매출채권 4) 재고자산 5) 선급금	1) 선수금 2) 각종 충당부채 3) 매입채무 4) 미지급금 5) 단기차입금 6) 유동성 장기부채

비슷한 유동비율을 가진 두 기업이라도 유동자산과 유동부채의 구성 항목에 따라 현금 상환 부담에는 큰 차이가 발생할 수 있다. 현금 지급 의무가 없는 선수금이 많은 회사가 유동비율의 질이 높고, 현금 지급 의무가 있는 부채가 많은 회사의 유동비율의 질은 상대적으로 떨어진다.

또한 같은 현금 지급 의무가 있는 부채라도 이자 부담이 없는 매입채무와 미지급금이 많은 회사가, 원금과 이자 지급 부담까지 있는 단기차입금이나 유동성 장기부채가 많은 회사보다 상대적으로 유동비율의 질이 높다고 할 수 있다. 따라서 **필자는 단순히 유동비율의 수치만 확인해서는 안 되며 유동자산, 특히 유동부채의 구성 항목을 확인해야 한다고 생각한다.**

실제 기업의 사례를 살펴보자.

* 단위 : 억원, %, %p, 배 * 분기 : 순액기준

항목	2015/12 (IFRS연결)	2016/12 (IFRS연결)	2017/12 (IFRS연결)	2018/12 (IFRS연결)	2019/12 (IFRS연결)	전년대비 (YoY)
부채비율	305.59	174.37	138.35	111.72	159.10	47.39
유동부채비율	224.35	144.15	123.25	92.90	135.06	42.16
비유동부채비율	81.25	30.22	15.10	18.82	24.04	5.23
순부채비율	67.89	55.74	52.85	22.10	56.21	34.12
유동비율	105.65	110.00	94.89	118.16	97.75	-20.42

위의 그림은 삼성중공업의 2015년 이후 각종 재무안정성 지표들이다. 기업의 유동비율은 평균 100% 내외다. 표면적으로 비교적 양호한 유동비율을 보유하고 있다.

다음의 그림을 보자.

* 단위 : 억원, %, %p, 배 * 분기 : 순액기준

항목	2015/12 (IFRS연결)	2016/12 (IFRS연결)	2017/12 (IFRS연결)	2018/12 (IFRS연결)	2019/12 (IFRS연결)	전년대비 (YoY)
부채비율	288.45	298.92	322.77	231.98	217.91	-14.07
유동부채비율	213.24	215.47	264.88	175.46	140.02	-35.44
비유동부채비율	75.21	83.46	57.89	56.53	77.90	21.37
순부채비율	30.87	32.12	45.19	7.42	30.80	23.38
유동비율	133.76	134.76	111.67	123.09	126.34	3.25

위의 그림은 GS건설의 2015년 이후 각종 재무안정성 지표다. 기업의 유동비율은 120% 내외로 양호하다. 삼성중공업보다 유동비율이 높지

만 크게 차이가 난다고 할 수 없다. 삼성중공업도 양호한 유동비율을 가지고 있다고 할 수 있다.

그러나 구체적인 구성 항목을 들여다보면, 두 기업의 유동비율에는 아주 큰 차이가 있다.

	2019년도 말	2018년도 말	2017년도 말
유동부채	7,089,067,766,848	6,267,119,241,178	7,145,282,550,781
매입채무	651,155,517,970	635,912,474,446	642,646,767,319
단기차입금	1,692,270,282,992	1,448,083,571,854	1,979,009,098,139
사채			162,705,310,784
미지급금	75,381,328,148	79,690,041,399	110,861,390,971
선수금			73,353,150,997
초과청구공사			1,440,181,081,633
계약부채	1,562,637,489,287	2,207,414,666,950	
미지급비용	217,035,718,428	238,512,672,564	498,359,174,105
당기법인세부채	1,674,446,183	1,742,490,648	3,269,361,029
유동성파생금융상품	415,357,061,879	109,918,757,960	149,504,656,670
유동성확정계약부채	237,458,028,206	46,640,292,653	141,873,587,708
유동성장기부채	1,413,621,315,836	835,647,330,438	1,488,090,375,487
유동성리스부채	29,481,167,381		
공사손실충당부채	120,226,943,617	181,396,639,856	
하자보수충당부채	242,741,130,647		
충당부채	389,660,839,341	433,184,653,334	419,064,224,802
기타유동부채	40,366,496,933	48,975,649,076	36,364,371,137

위의 그림은 삼성중공업의 2017년부터 2019년 말까지 재무상태표 유동부채 구성 항목들이다. 2019년 말 현재 현금 지급 의무가 있는 차입금, 매입채무, 미지급금 등의 규모는 대략 4조 가까운 금액으로 총 유동부채의 60%에 가까운 수준이다.

참고로 각종 충당부채 역시 실제로 비용이 집행되면 현금 지급 의무가 생기게 된다. 충당부채까지 포함을 시킨다면 4조가 훨씬 넘는 규모다.

삼성중공업의 재무상태표 유동자산 구성 항목을 보자.

	제 46 기	제 45 기	제 44 기
자산			
유동자산	6,929,473,532,110	7,405,496,120,544	6,779,932,597,869
현금및현금성자산	384,251,205,560	945,975,871,006	353,530,365,169
단기금융상품	472,930,511,642	419,096,173,138	769,649,609,817
매출채권	200,977,706,457	508,283,713,531	344,452,533,846
미청구공사			3,094,496,613,542
계약자산	2,481,660,017,812	3,206,444,279,358	
미수금	78,396,617,841	66,837,504,786	123,271,126,620
선급금	322,440,588,142	359,032,656,077	192,902,915,335
선급비용	74,123,609,090	65,404,317,829	51,585,435,641
유동성파생금융상품	122,332,346,868	64,246,986,573	329,288,021,311
유동성확정계약자산	209,544,830,056	60,801,386,416	89,001,810,805
재고자산	2,339,638,674,866	1,481,796,424,966	1,216,760,484,649
선급법인세	93,564,333,207		
기타유동금융자산	79,277,694,369	74,254,213,437	75,126,219,728
기타유동자산	70,335,396,200	153,322,593,427	139,867,461,406

위의 그림은 삼성중공업의 2017년부터 2019년 말까지 재무상태표 유동자산 구성 항목들이다. 당장 현금화가 가능한 현금 및 현금성자산과 단기금융상품은 2019년 말 8,571억이며, 전체 유동자산의 절반 이상이 현금화 속도가 상대적으로 떨어지는 계약자산수주를 바탕으로 한 기업의 미청구공사과 재고자산이다. 삼성중공업의 유동부채와 유동자산을 분석해본 결과, 유동비율의 질이 떨어지는 기업이라는 것을 알 수 있다.

다음으로 GS건설의 유동비율 상세 내역을 들여다보자.

	2019년도 말	2018년도 말	2017년도 말
유동부채	5,800,889,904,080	6,359,727,442,301	8,581,252,537,034
매입채무 및 기타채무	1,629,979,597,832	2,023,489,635,882	2,473,848,534,723
단기금융부채	991,731,786,875	1,118,162,071,740	3,061,155,238,241
법인세부채	133,843,667,499	181,499,789,965	72,198,114,046
유동충당부채	135,706,862,655	118,471,606,064	
기타유동부채	2,909,627,989,219	2,918,104,338,650	2,974,050,650,024

위의 그림은 GS건설의 2017년부터 2019년 말까지 유동부채 구성 항목들이다. 2019년 말 5조 8,008억 유동부채 중 현금 상환 의무가 있는 부채는 2조 6,216억이며, 나머지는 현금 상환 의무가 없는 부채다.

기타 유동부채의 자세한 내역을 재무제표 주석에서 확인한 결과, 대부분의 금액이 현금 상환 의무가 없는 선수금과 초과청구공사실제 공사 진행보다 더 많은 대금을 청구해서 지급받은 금액이다. 현금 상환이 아닌 추가 공사 의무가 있는 부채였다.

	제 51 기	제 50 기	제 49 기
자산			
유동자산	7,328,856,814,743	7,828,165,281,170	9,582,340,456,712
현금 및 현금성자산	1,792,956,491,853	1,592,619,145,823	2,442,298,345,368
매출채권 및 기타채권	3,505,180,381,682	4,297,384,976,431	4,763,280,007,248
재고자산	875,113,715,855	1,034,194,955,187	1,090,697,679,575
단기금융자산	284,371,604,300	295,204,587,487	295,942,692,534
기타유동자산	871,234,621,053	608,761,616,242	990,121,731,987

왼쪽 아래 그림은 GS건설의 2017년부터 2019년 말까지 유동자산 구성 항목들이다. 현금화가 손쉬운 유동자산은 2조가 넘으며, 현금수취 권리가 있는 유동자산인 매출채권은 3조 5,000억이 넘는다. GS건설은 상대적으로 유동비율의 질이 양호한 기업이라고 할 수 있다.

한편 표면적으로는 200%에 가까운 양호한 유동비율을 가지고 있지만, 실제 구성 항목을 살펴보면 결코 양호한 유동비율이라고 할 수 없는 기업도 있다.

	2019년도 말	2018년도 말	2017년도 말
유동자산	438,749,361,308	451,232,453,413	431,007,146,302
재고자산	134,325,365,553	128,547,795,284	106,183,444,955
매출채권 및 기타채권	236,445,410,637	256,073,343,485	230,251,570,374
기타투자자산	41,276,273,241	24,574,565,647	63,483,069,723
기타유동자산	9,087,878,977	8,927,519,928	9,193,756,990
현금및현금성자산	17,614,432,900	33,109,229,069	21,895,304,260
유동부채	230,929,402,829	269,570,535,095	232,707,820,595
단기차입금	75,533,917,334	83,870,961,911	75,676,611,254
유동성사채	0	34,970,688,436	0
유동성장기부채	4,922,202,500	13,144,770,000	2,294,697,500
유동파생상품부채	0	0	137,885,704
매입채무 및 기타채무	139,264,197,403	126,747,071,872	142,517,072,918
당기법인세부채	6,446,307,871	7,552,359,740	7,921,850,359
기타유동부채	4,762,777,721	3,284,683,136	4,159,702,860

앞쪽의 그림은 어느 상장기업의 유동자산과 유동부채 구성 항목이다. 200%에 가까운 양호한 유동비율이지만 구성 항목을 들여다보면 2019년 말 현금 및 현금성자산기타 유동자산 포함은 266억이며, 전체 유동자산 4,387억 중 3,707억이 현금화가 더딘 매출채권과 재고자산이다. 반면에 전체 유동부채 2,309억 중 현금 상환 의무가 있는 유동부채는 2,200억이 넘는 규모다.

즉 대부분이 현금 상환 의무가 있는 부채라서, 실제 기업의 유동비율의 질은 결코 양호하다고 할 수 없다.

청산가치에도 미치지 못하는 주식이 많다?

투자 경험이 상당한 주식투자자는 '주가가 청산가치에도 미치지 못하는 종목들이 속출했다'는 뉴스를 자주 접한다.

특히 전체 주식시장이 크게 하락하는 대세 하락기에, 그런 뉴스는 더 자주 기사화된다.

거래소는 "코스피 순자산(자본총계)은 전년 대비 증가했으나 주가 하락으로 시가총액이 감소하면서 PBR이 하락했다"고 설명했다.

코스피 시장의 대표종목들로 구성된 지수인 코스피200의 PBR 역시 0.8배로 집계됐다.

이는 미국(3.3배), 일본(1.1배), 영국(1.4배), 프랑스(1.3배) 등 선진국 23개국 증시 대표지수의 평균 PBR(2.2배)을 크게 밑도는 수준이었다.

또 중국(1.6배), 인도(2.4배), 브라질(1.4배), 대만(1.8배) 등 신흥국 26개국 평균 PBR(1.4배)보다도 낮다.

업종별로 살펴보면 전체 17개 주요 업종 중 11개 업종의 PBR이 1배 미만이었다.

특히 유틸리티업종 PBR이 0.22배에 불과했고 은행업종 PBR도 0.28배에 그쳤다.

반면 헬스케어(4.92배)와 미디어·엔터(3.37배) 등은 상대적으로 주가가 고평가된 것으로 나타났다.

시총 상위 종목 가운데는 한국전력[015760](0.22배), 포스코[005490](0.33배), KB금융[105560](0.33배), 현대차[005380](0.36배) 등의 PBR이 낮은 편이었고 셀트리온[068270](10.44배), 엔씨소프트[036570](6.61배) 등은 높았다.

위의 그림은 2020년 5월에 나온 뉴스다. 당시는 코스피 지수가 코로나19의 영향으로 크게 하락했다가 다시 회복하기 시작한 시기였다. 이 뉴스에서는 특히 한국전력의 PBR주가순자산비율이 0.22배로 청산가치의 22% 수준에 불과하다는 내용을 담고 있다.

현실성은 거의 없지만 만일 한국전력을 청산해서 부채를 청산하고 자산을 나눠 갖는다면, 과연 한국전력 주주들은 1주당 얼마를 손에 쥘 수 있을까? 자본순자산 = 자산 – 부채일까?

재무제표에서 중요하게 여기는 자산 = 부채 + 자본 공식에 따라 자본순자산 = 자산 – 부채가 되어야 한다. 과연 그런지 자세히 살펴보도록

하자.

한국전력의 모든 주주가 기업을 청산해서 부채를 상환하고 잔여 기업 가치를 주식 수에 따라 나눠 갖기로 찬성했다고 가정해보자. 그에 따라 자산을 청산했을 때 과연 장부가치에서 실제로 얼마나 손에 쥘 수 있을지 분석해보자.

(단위 : 백만원)

	2019년도	2018년도	2017년도
자산			
유동자산	19,483,001	19,745,068	19,141,707
현금및현금성자산	1,810,129	1,358,345	2,369,739
유동금융자산	1,586,509	2,359,895	1,958,357
매출채권및기타채권	7,701,452	7,793,592	7,928,972
재고자산	7,050,700	7,188,253	6,002,086
당기법인세자산	99,718	143,214	100,590
유동비금융자산	1,206,377	878,888	753,992
매각예정자산	28,116	22,881	27,971
비유동자산	178,114,791	165,503,993	162,647,208
비유동금융자산	2,563,498	2,113,613	2,038,913
장기매출채권및기타채권	2,002,297	1,819,845	1,754,797
유형자산	164,701,827	152,743,194	150,882,414
투자부동산	158,580	159,559	284,714
영업권	97,977	2,582	2,582
영업권 이외의 무형자산	1,069,976	1,225,942	1,187,121
관계기업투자지분	4,251,802	4,064,820	3,837,421
공동기업투자지분	1,663,029	1,813,525	1,493,275
순확정급여자산	1,047	0	0
이연법인세자산	1,437,829	1,233,761	919,153
비유동비금융자산	166,929	327,152	246,818
자산총계	197,597,792	185,249,061	181,788,915

앞쪽의 그림은 한국전력의 2017년부터 2019년 말까지 재무상태표 자산 계정이다. 2019년 말 전체 자산 규모는 197조 5,977억이며, 이 중 유동자산은 대략 10%인 19조 4,830억이다. 계산의 편의를 위해 유동자산 전부 현금화가 가능하다고 가정하자.

비유동자산 중 유형자산 규모는 164조 7,018억으로 전체 자산 중 압도적으로 많은 비중을 차지하고 있다. 즉 한국전력의 자산을 청산한다고 가정하면, 유형자산 청산 시 얼마나 장부 가격과 비슷하게 매각하느냐가 관건이다.

유형자산의 세부 내역을 재무제표 주석에서 살펴보자.

(단위 : 백만원)

구 분	취득원가	정부보조금	감가상각누계액	손상차손누계액	장부금액
토지	13,848,063	(21,817)	-	-	13,826,246
건물	20,756,351	(61,920)	(8,305,683)	(4,962)	12,383,786
구축물	70,900,343	(186,554)	(25,711,840)	(9,633)	44,992,316
기계장치	89,224,339	(158,907)	(38,865,392)	(451,647)	49,748,393
선박	3,104	-	(2,903)	-	201
차량운반구	309,829	(2,275)	(239,128)	(116)	68,310
집기와비품	1,716,210	(241)	(1,342,053)	(42)	373,874
공구와기구	1,098,127	(403)	(934,023)	(40)	163,661
건설중인자산	28,584,806	(61,211)	-	(165,336)	28,358,259
사용권자산	7,574,010	-	(2,790,437)	-	4,783,573
복구추정자산	11,690,188	-	(4,169,238)	(146,423)	7,374,527
기타의유형자산	12,955,782	-	(10,327,101)	-	2,628,681
합 계	258,661,152	(493,328)	(92,687,798)	(778,199)	164,701,827

위의 그림은 2019년 말 한국전력의 유형자산 세부 내역이다. 전체 유형자산 164조 중 95조에 가까운 유형자산이 구축물과 기계장치다. 만

일 회사를 청산한다면, 생산설비전력생산장치는 몇 % 현금화가 가능할까?

폐업하는 식당을 예로 든다면, 식당의 조리기구는 거의 고철 가격만 받을 수 있을 것이다. 기업도 생산설비를 매각한다면, 장부 가격의 30% 미만으로 받을 수 있을 것이다. 특히 한국전력처럼 맞춤형 기계장치가 대부분이라면 고철 가격만 간신히 건질 수 있을 것이다. 이처럼 한국전력의 전체 자산 중 실제 청산가치는 장부가치의 50% 미만일 것이라 예상된다.

재무제표상으로는 주가가 기업 청산가치의 1/5 수준이지만, 실제로 기업을 청산한다면 부채비율이 190%에 달하는 한국전력의 실제 주주 몫은 거의 없다고 할 수 있다.

따라서 청산가치에 훨씬 미치지 못하는 PBR 0.22배라는 주장은 말 그대로 이론상의 청산가치다. 대한항공 역시 청산가치에 미치지 못하는 주가 저평가라는 전문가들의 주장이 많지만, 800%에 달하는 기업 부채비율을 고려할 때, 대한항공의 주주 몫은 처음부터 없다고 할 수 있다.

ROE가 지속적으로 높은 기업에 투자하라고?

한동안 ROE는 대표적인 기업 수익성 분석지표로 자주 언급되었다. 이론상 ROE가 높은 기업이 얼마나 뛰어난 기업인지 구체적인 설명과 함께, ROE가 높은 기업에 투자하라고 목소리를 높이던 전문가들이 많았다. 결론부터 말하면 **ROE가 높은 기업에 투자하라는 주장은 기업의 현실을 잘 모르는 공허한 외침에 가깝다.**

먼저 ROEReturn on equity : 자기자본이익률를 구하는 공식은 다음과 같다.

ROE = 순이익 / 자기자본 × 100(%)

높은 ROE를 지속적으로 유지하는 기업이 훌륭한 기업인 이유는 다음과 같다. 기업이 벌어들이는 순이익에서 주주에게 지급되는 배당금을 제외하고, 나머지 순이익은 매년 이익잉여금 계정에 쌓인다. 그리고 이익잉여금이 쌓이는 만큼 자기자본은 늘어나게 된다.

높은 ROE를 지속적으로 유지하기 위해서는 분모인 자기자본ROE 계산 공식에서이 늘어나는 만큼 그에 비례해서 기업은 매년 더 많은 순이익을 지속적으로 내야 한다. 따라서 높은 ROE를 유지하는 일은 그만큼 어려운 일이다. 높은 ROE를 지속적으로 유지하는 기업은 아주 대단한 기업임에 틀림없지만, 현실에서는 이런 기업을 거의 찾아보기 힘들다.

* 단위 : 억원, %, %p, 배 * 분기 : 순액기준

항목	2016/12 (IFRS연결)	2017/12 (IFRS연결)	2018/12 (IFRS연결)	2019/12 (IFRS연결)	2020/12 (IFRS연결)	전년대비 (YoY)
매출총이익률	40.42	46.03	45.69	36.09	38.98	2.89
영업이익률	14.49	22.39	24.16	12.05	15.20	3.15
순이익률	11.26	17.61	18.19	9.44	11.15	1.72
EBITDA마진율	24.75	31.62	35.02	24.90	28.01	3.11
ROE	12.48	21.01	19.63	8.69	9.98	1.30
ROA	9.01	14.96	13.83	6.28	7.23	0.94
ROIC	19.67	28.58	26.33	12.76	15.91	3.16

위의 그림은 대한민국을 대표하는 삼성전자의 각종 수익성 지표다. 2018년 기업의 ROE는 19.63%로 2017년 21.01%에서 소폭 감소했다. 그러나 기업의 영업이익률은 24.16%로 2017년 22.39%에서 오히려 개

선되었다. 어지간한 이익 증가가 아니면 기업의 ROE는 지속적으로 낮아질 수밖에 없는 것이 현실이다.

다음의 퀀트 자료가 그것을 증명해준다.

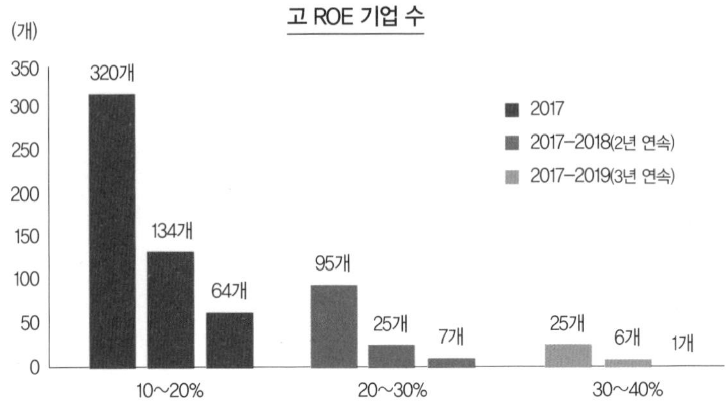

자료 제공 : KB증권 리서치 센터

위의 차트는 전체 상장기업 중 높은 ROE를 유지한 기업이 과연 얼마나 되는지 필자가 재직 중인 증권회사 리서치센터에 의뢰해서 받은 자료다.

차트에 대해 먼저 설명하겠다. 왼쪽부터 2017년 기준 ROE가 10~20%대인 기업320개 중 2년 연속134개 같은 ROE를 유지한 기업 수와 3년64개 연속 같은 ROE를 유지한 기업 수를 차트로 나타낸 것이다. 같은 식으로 20~30%의 ROE를 2년과 3년 연속 유지한 기업 수, 30~40%의 높은 ROE를 2년과 3년 연속 유지한 기업 수를 나타내고 있다.

필자는 자료 요청 후 30~40%대의 높은 ROE를 3년 연속 유지한 기업이 과연 있을지 궁금했다. 높은 ROE를 유지하는 일이 얼마나 어려운지 경험적으로 알고 있었기 때문이다. 겨우 1개의 기업이지만, 3년 연속 30% 이상의 높은 ROE를 유지한 기업이 있다는 사실이 내심 기뻤다. 20~30%의 높은 ROE를 3년 연속 유지한 기업도 7개나 되어 대한민국 상장기업의 능력이 대단하다고 생각했다.

그런데 실제 기업 리스트를 받아본 결과, 유일하게 3년 연속 30% 이상의 높은 ROE를 유지한 기업은 매년 이익이 크게 증가해서 높은 ROE를 유지한 것이 아니라, 3년 연속 비슷한 이익을 내고서도 자기자본의 증가가 없어서 높은 ROE를 유지한 것이었다.

그 회사의 대주주는 PEF사모펀드였고, 사모펀드 속성상 매년 기업이 벌어들이는 순이익의 대부분을 배당으로 사용해서 이익잉여금을 통한 자기자본 증가가 거의 없었기 때문에 높은 ROE를 유지할 수 있었다. 이익이 증가해서 3년 연속 30% 이상의 높은 ROE를 유지한 상장기업은 사실상 없었다는 이야기다.

3년 연속 20~30%대의 높은 ROE를 유지한 7개 기업 중 6개 기업은 매년 이익도 크게 증가했고, 이익잉여금을 통한 자기자본 증가도 있었다. 코웰패션033290, JYP Ent.035900, LG생활건강051900, 티씨케이064760, 이크레더블092130, 네오팜092730이 실제로 높은 ROE를 유지한 기업이었다. 과연 어떤 전문가가 수많은 상장기업 중 높은 ROE를 3년 연속 유지한 단 6개의 기업을 미리 예측해서 주식을 매수할 수 있을까?

현실에서는 다음과 같은 기업이 아주 뛰어난 수익성을 보여주는 회사다.

주요재무정보	최근 연간 실적				최근 분기 실적					
	2017.12	2018.12	2019.12	2020.12 (E)	2019.09	2019.12	2020.03	2020.06	2020.09	2020.12 (E)
	IFRS 연결	IFRS 연결	IFRS 연결	IFRS 연결	IFRS 연결	IFRS 연결	IFRS 연결	IFRS 연결	IFRS 연결	IFRS 연결
매출액(억원)	2,044	2,269	2,627	3,040	607	774	712	732	730	867
영업이익(억원)	505	540	668	774	134	243	163	176	161	275
당기순이익(억원)	397	425	510	537	107	173	104	121	112	201
영업이익률(%)	24.71	23.80	25.43	25.47	22.10	31.39	22.93	24.00	22.07	31.72
순이익률(%)	19.41	18.73	19.43	17.66	17.59	22.31	14.58	16.55	15.39	23.20
ROE(%)	23.49	23.36	18.78	14.09	19.70	18.78	18.66	18.13	14.02	

매년 뛰어난 성장성과 수익성을 보이는 회사 중 하나로 주식시장에서 평가받고 있는 더존비즈온의 실적이다. 기업의 매출과 이익은 매년 꾸준히 성장하고 있으며, 영업이익률도 매년 25% 수준을 유지하고 있다.

그러나 이익잉여금 증가에 따른 자기자본의 증가로 기업의 ROE는 매년 하락하고 있다. 아무리 높은 영업이익률을 유지해도 자기자본이 쌓이는 만큼 실제 현실의 기업은 어쩔 수 없이 ROE가 하락하게 된다.

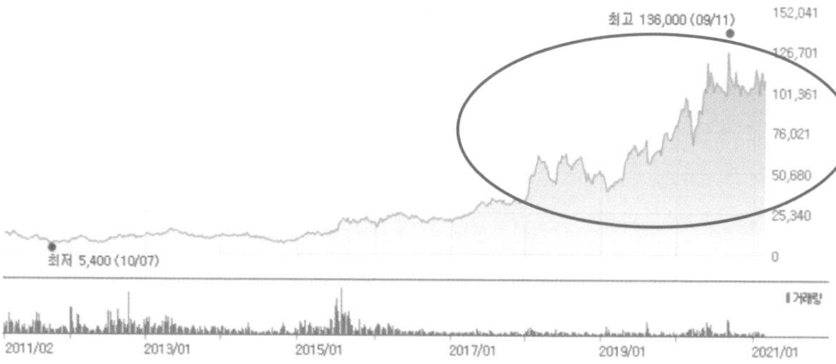

위의 그림은 더존비즈온의 주가 차트다. 매년 ROE가 하락함에도 기업의 매출과 이익의 절대 규모가 매년 성장하는 것에 비례해서 기업의 주가도 지속적으로 상승했다.

주식시장에서는 ROE의 하락과는 상관없이 기업의 매출과 이익의 절대 규모가 지속적으로 성장한다면, 아주 훌륭한 기업으로 평가한다는 것을 확인할 수 있다.

이것이 바로 현실의 기업 재무제표이며, 주식시장에서의 평가다.

EBITDA,
감가상각비가 문제다

주식시장에서 애널리스트가 기업의 목표주가를 계산하는 데 사용하는 지표 중 하나가 EV/EBITDA이다. 주식시장뿐만 아니라 금융권의 여신기업에 대한 대출 관련 재무제표 분석에서도 중요하게 이용되는 지표 중 하나가 EBITDA이다.

여기에서는 주식투자자들이 쉽게 접할 수 있는 EBITDA를 중점적으로 분석하고자 한다.

먼저 EVEnterprise Value와 EBITDAEarnings before interest, tax, depreciation and amortization 용어에 대해 알아보도록 하자.

EV는 다음 공식으로 계산한다.

EV = 시가총액(주가 × 상장주식 수) + 총차입금 - 현금 및 현금성자산

EV는 기업의 총가치로 기업 인수 합병 시 매수자가 지불하는 금액이라고 이해하자.

EV/EBITDA는 기업 인수 합병 시 피인수 기업의 적정 가치를 산출하는 데 주로 이용되며, 7~8배를 적정 기업가치로 평가한다.

EBITDA는 한국어로 번역하면 이자 비용, 세금, 감가상각비 등을 차감하기 이전의 이익이란 뜻으로 편의상 '영업이익 + 감가상각비'로 기억해두자.

EBITDA는 일반적으로 기업이 영업활동으로 벌어들인 현금 창출 능력을 나타내는 지표로 정의한다. 감가상각비는 말 그대로 현금의 지출이 없는 비용으로 영업이익을 계산할 때 비용으로 반영한다. 하지만 기업의 현금흐름표를 들여다보면 감가상각비만큼 현금이 계속 기업에 쌓이고 있다. 따라서 영업이익에 현금이 기업 외부로 지출되지 않는 감가상각비를 반영해야 기업이 영업활동으로 벌어들인 진정한 현금 창출 능력을 파악할 수 있다는 주장이다.

이런 이유로 주로 기업 인수 합병 시 이용되는 지표이며, 주식시장에서도 기업의 목표주가를 산정하는 데 사용하고 있다. EBITDA가 기업의 영업활동을 통한 현금 창출 능력을 보여주는 지표로 인식되면서, 대출원금 및 이자 회수가 주된 관심사인 금융권의 기업 대출 관련 재무제표 분석에서도 중요하게 쓰이고 있다.

그러나 EBITDA는 다음과 같은 문제점을 가지고 있다.

설비투자 규모가 다르면,
EBITDA도 차이가 발생하는 것이 정상이다

EBITDA는 '영업이익 + 감가상각비'로 계산한다. 영업이익을 구할 때, 이미 감가상각비는 비용으로 반영되어 그 금액만큼 영업이익을 감소시킨다.

따라서 영업이익에 감가상각비를 더한다는 의미는 기업의 영업을 통한 이익 창출 능력을 살펴볼 때 감가상각비의 영향을 제거한다는 의미가 된다.

현금 유출이 실제로는 발생하지 않는 감가상각비가 대규모로 발생해서 영업이익이 감소한 회사와 적은 감가상각비로 인해 많은 영업이익을 낸 회사를 단순하게 영업이익만으로 평가해서는 안 된다는 주장이 담겨 있는 것이다. 이는 아주 설득력 있는 주장으로 보인다.

그러나 필자는 오히려 EBITDA가 기업의 영업 성과를 왜곡시킨다고 생각한다. 예를 들어서 살펴보자.

같은 제조업에 속한 A와 B 두 기업이 있다. 2019년 기업의 매출과 이익 규모가 각각 500억과 50억으로 같다고 가정하자.

제조업 경기가 회복되는 조짐이 보이자, 두 기업은 은행에서 전액 설비투자 자금을 차입해서 2019년 각각 100억과 1,000억의 설비투자를 단행했다. A기업보다 B기업이 향후 경기 전망을 훨씬 더 낙관적으로 본 것이다.

2020년 말 두 기업의 성적표는 다음과 같다. 참고로 두 기업 모두 생산설비의 감가상각 기간내용연수은 5년정액법으로 동일하다. 계산의 단순화를 위해 기존의 감가상각비는 없었고, 2020년 처음 감가상각비가 발생하기 시작했다고 가정하자.

:: 2020년 A기업 손익계산서 ::	:: 2020년 B기업 손익계산서 ::
매출액 1,000억	**매출액** 1,000억
영업이익 100억	**영업이익** −80억
감가상각비 : 20억	**감가상각비** : 200억
EBITDA(영업이익 + 감가상각비) 120억	**EBITDA**(영업이익 + 감가상각비) 120억

2020년 A기업은 100억의 영업이익을 냈으나, B기업은 80억 영업 적자를 기록했다. 그러나 두 기업의 2020년 EBITDA는 각각 120억으로 동일하다. EBITDA를 선호하는 전문가는 B기업이 영업 적자를 80억 냈지만, 대규모 감가상각비가 주된 원인이었기 때문에 EBITDA를 가지고 판단을 내려야 정확한 기업의 이익창출 능력을 알 수 있다는 주장을 했다.

EBITDA가 동일하다는 이유로 과연 두 기업의 영업활동을 통한 현금 창출 능력이 같다고 할 수 있을까?

표면적으로는 2020년 영업활동을 통해 기업에 남아 있는 현금 규모는 120억으로 동일하다. 만일 2020년 이후 5년간 두 기업의 EBITDA가 120억으로 같다면, 5년 뒤 A와 B 두 기업에는 동일한 600억의 현금이 남아 있게 된다. A기업은 2019년 설비투자를 위해 차입한 100억의 은행 대출금을 갚고도 500억의 현금이 남아, 추가 투자를 위한 여력이 충분할 것이다.

반면에 B기업의 경우 2019년 대출 원금인 1,000억에 미치지 못하는 600억의 현금만 보유하고 있어, 대출금을 전부 갚기 위해서는 추가 차입을 하거나 유상증자를 해야 한다. 성장을 위한 투자는 생각도 못하는 상황에 처하는 것이다.

EBITDA로 평가한 기업의 가치는 동일하게 나타날 수 있지만, 실제 기업의 영업은 큰 차이가 날 수 있다. 즉 **설비투자 규모가 다르다면, EBITDA도 그에 비례해서 차이가 나야 영업력에 차이가 없는 것이다. 이 점이 EBITDA로 기업의 가치를 평가할 때의 가장 큰 문제점이다.**

잔여이익모델이 유용한 평가 지표가 될 수 없는 이유?

지난 몇 년간, 주식시장에서는 잔여이익모델RIM이 기업의 가치를 평가하는 새로운 분석 방법으로 인기를 끌었다. 잔여이익모델을 이용해 목표주가를 제시하는 애널리스트 리포트도 어렵지 않게 접할 수 있었다. 잔여이익모델의 유용성을 주장하는 전문가들은 기존 PER, PBR, EV/EBITDA 등 배율을 도구로 이용해 기업을 분석하는 가치평가 지표들을 상대평가 지표라고 설명하면서 문제가 많다고 주장했다.

예를 들어 PER이 10배이던 주식이 주가가 급등해서 30배까지 상승했다가, 다시 20배가 되어 주가가 낮아졌으니 매수하라는 주장은 잘못이라는 것이다.

PER 30배이던 주가 수준에 비하면 낮아진 것이 분명하지만, 과거 10배이던 수준에 비해서는 여전히 비싸다는 논리다. 그러면서 잔여이익모델은 상대평가가 아닌 절대평가 지표이기 때문에 신뢰도가 아주 높다는 주장을 한다.

그러나 잔여이익모델 역시 문제점이 드러나면서, 잔여이익모델을 이용해 목표주가를 제시하는 애널리스트 리포트 숫자가 최근에는 예전보다 많이 감소했다.

애널리스트 리포트에서 찾아볼 수 있는 잔여이익모델을 이용한 기업의 적정가치를 구하는 계산식은 한마디로, 현재 기업이 보유하고 있는 장부가치순자산, 자기자본에 미래에 발생할 것으로 예상되는 추정 잔여이익의 현재가치를 합해주는 방식이다.

관련해서 아래의 몇 가지만 이해하고 기억하면 된다.

1. **잔여이익모델을 이용한 기업가치** = 자기자본(순자산) + 미래 잔여이익의 현재가치
2. **잔여이익** = 당기순이익 − 자기자본 비용
3. **자기자본 비용(주주의 입장에서 자기자본에 대한 기회 비용)** = 자기자본 × 주주요구수익률

실제 애널리스트 리포트를 살펴보면서 설명을 계속 해보자.

주당 내재가치

(단위 : 십억원, 원, %)

RIM(잔여이익모델)

		2018F	2019F	2020F	2021F	2022F	2023F	2024F	2025F	2026F	2027F
I	순이익(지배지분)[주2]	16,559	18,148	18,329	18,512	18,697	19,071	19,453	19,842	20,239	20,644
	2018년: DRAM 가격 상승하며 순이익 증가 견인										
	2019년: DRAM 가격 하락하며 순이익 제한적 증가										
	2020년~2022년: 중국 메모리 반도체 기업의 양산 시작되며 공급 증가. 메모리 반도체 가격 약세 기록. SK하이닉스는 원가절감으로 대응하며 순이익 보전										
	2023년~2026년: SK하이닉스 등 국내 기업은 차세대 메모리 반도체를 개발하여 중국과의 기술 격차를 벌리고 연평균 5% 이익 성장 기록										
II	자기자본(지배지분)[주2]	49,669	66,404	83,145	99,892	116,824	134,131	151,819	169,896	188,369	207,248
	추정ROE	39.7	31.3	24.5	18.5	16.0	14.2	12.8	11.7	10.7	10.0
III	필요수익률[주3]	6.4									
	무위험이자율[주4]	2.4									
	시장위험프리미엄[주5]	4.0									
	베타	1.00									
IV	Spread(추정ROE-필요수익률)	33.3	24.9	18.1	12.1	9.6	7.8	6.4	5.3	4.3	3.6
V	필요수익	2,164	3,179	4,250	5,321	6,393	7,477	8,584	9,716	10,873	12,056
VI	잔여이익(I-V)	14,395	14,969	14,079	13,191	12,304	11,595	10,868	10,125	9,365	8,588
	현가계수	0.97	0.92	0.86	0.81	0.76	0.71	0.67	0.63	0.59	0.56
	잔여이익의 현가	14,017	13,699	12,110	10,664	9,349	8,279	7,294	6,387	5,552	4,785
VII	잔여이익의 합계	92,135									
VIII	추정기간이후 잔여이익의 현가	74,762									
	영구성장률(g)[주6]	0.0%									
IX	기초자기자본	33,815									
X	주주지분가치(VII+VIII+IX)	200,713									
	총주식수(천주)	706,734									
XI	적정주당가치(원)	284,000									
	현재가치(원)	86,100									
	Potential (%)	229.8%									

위의 그림은 2018년 7월에 나온 SK하이닉스 종목에 대한 어느 증권사의 애널리스트 리포트 중 잔여이익모델을 이용한 목표주가 계산식에 대한 설명이다.

이해가 쉽지 않은 독자들을 위해 애널리스트 리포트 중 중요한 부분만 좀 더 자세히 설명하겠다.

2018년을 예로 들자면 먼저 추정 ROE순이익/자기자본 × 100%를 구하고,

주주요구수익률인 필요수익률6.4%을 제시했다. 필요수익은 자기자본 × 필요수익률로 계산했다.

2018년 필요수익인 2,164는 기초 자기자본인 33,815 × 6.4%를 해서 구했다. 2019년 필요수익은 2018년 말 자기자본인 49,669 × 6.4%를 한 결과다.

잔여이익인 14,395는 순이익 − 필요수익을 한 값이다. 잔여이익에 현가계수할인율를 적용하여 미래 잔여이익의 현가현재가치인 14,017을 구했다.

잔여이익의 합계인 92,135는 10년간2018년 - 2027년 잔여이익 현가의 합계이고, 추정 기간10년 이후 잔여이익의 현가현재가치인 74,762를 최종적으로 구하면, 기업의 가치를 구할 수 있게 된다.

최종 주주지분가치 = 10년간추정 기간의 잔여이익의 현가 + 추정 기간 이후 잔여이익의 현가 + 기초 자기자본이다.

주주지분가치를 총 주식 수로 나눠서 적정 주당가치인 284,000원을 계산해냈다.

다음의 애널리스트 리포트를 보자.

오른쪽 리포트는 같은 증권사에서 나온 SK하이닉스 종목에 대한 2018년 11월 리포트다. 불과 4개월 만에 잔여이익모델을 이용한 SK하이닉스의 적정 주당가치는 284,000원에서 159,393원으로 40% 이상 감소했다.

두 리포트의 적정 주당가치가 크게 차이 나는 주된 이유는 두 가지다. 애널리스트는 불과 4개월 만에 2019년 이후 SK하이닉스의 예상

주당 내재가치

RIM(잔여이익모델)

(단위 : 십억원, 원, %)

		2018F	2019F	2020F	2021F	2022F	2023F	2024F	2025F	2026F	2027F
I	순이익(지배지분)[주2]	17,307	13,235	14,111	15,030	15,512	15,512	15,512	15,512	15,512	15,512
II	자기자본(지배지분)[주2]	50,406	62,945	76,360	76,360	90,694	105,509	120,803	136,567	152,792	169,464
	추정ROE	41.1	23.4	20.3	19.7	17.1	14.7	12.8	11.4	10.2	9.2
III	필요수익률[주3]	8.0									
	무위험이자율[주4]	2.2									
	시장위험프리미엄[주5]	4.0									
	베타	1.5									
IV	Spread(추정ROE-필요수익률)	33.1	15.4	12.3	11.7	9.1	6.7	4.9	3.4	2.2	1.2
V	필요수익	2,693	4,014	5,013	6,081	6,081	7,222	8,402	9,620	10,875	12,167
VI	잔여이익(I-V)	14,614	9,221	9,098	8,950	9,432	8,290	7,110	5,892	4,637	3,345
	현가계수	0.98	0.91	0.84	0.78	0.72	0.67	0.62	0.57	0.53	0.49
	잔여이익의 현가	14,327	8,373	7,652	6,972	6,806	5,541	4,402	3,379	2,463	1,645
VII	잔여이익의 합계	61,560									
VIII	추정기간이후 잔여이익의 현가	20,664									
	영구성장률(g)[주6]	0.0%									
IX	기초자기자본	33,815									
X	주주지분가치(VII+VIII+IX)	116,038									
	총주식수(천주)	728,002									
XI	적정주당가치(원)	159,393									
	현재가치(원)	67,500									
	Potential (%)	136.1%									

순이익 전망을 대폭 하향 조정했고, 그 결과 2019년 이후 추정 ROE에 큰 차이가 발생했다.

또한 4개월 만에 필요수익률주주요구수익률도 6.4%에서 8.0%로 조정하면서 필요수익도 2019년 이후 크게 차이가 발생했다.

SK하이닉스의 4개월간의 주가 흐름을 다음 그림에서 살펴보자.

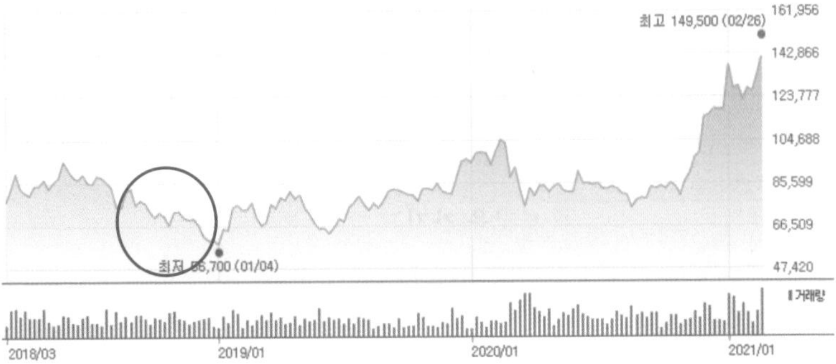

2018년 하반기 SK하이닉스의 주가는 반도체 D램과 낸드 가격 하락의 영향으로 큰 폭으로 하락했다. 애널리스트 역시 반도체 가격 하락을 반영하여 7월에 나온 리포트와는 다르게 11월 리포트에서 기업의 미래 추정 기간10년 순이익 전망치를 대폭 하향 조정한 것이다.

이렇게 추정 기간10년간의 잔여이익과 그 이후의 잔여이익영구 기간을 반영한 적정주가를 계산하는 잔여이익모델은 기업의 영업 환경에 변화가 생기면 추정 잔여이익에 큰 변동이 생길 수밖에 없다.

또 다른 문제는 필요수익률주주요구수익률이다. 잔여이익모델을 이용해 기업의 적정가치를 구하는 애널리스트의 개인적인 판단에 따라 필요수익률이 달라질 수 있다는 점이다. 동일한 기업에 대한 필요수익률도 리포트가 나온 시점마다 차이가 발생하며, 종목이 달라지는 경우에도 필요수익률이 다르게 계산되고 있다.

삼성전자에 투자하는 주주가 요구하는 필요수익률과 POSCO에 투자하는 주주가 요구하는 필요수익률에 차이가 발생해야 하는 이유를, 객관적으로 설명해줄 근거는 전혀 없다.

이렇게 **잔여이익모델은 ROE를 어떻게 추정하는지**미래의 기업 순이익 전망을 어떻게 하는지, **필요수익률은 얼마로 정하는지에 따라 기업의 적정가치에 큰 차이가 발생하는 문제점을 가지고 있다.** 필자가 기업의 영업 환경에 변화가 생길 때마다 추정 ROE를 수시로 바꿔야 하는 잔여이익모델을 신뢰하지 않는 주된 이유다.

기업의 ROE를 얼마나 정확하게 예측하는지가 잔여이익모델의 관건이 되자, 일부 전문가는 최근 년도 ROE에 가중치를 부여하는 방식으로 나름대로 합리적으로 ROE를 추정하고 있다. 예를 들어 2020년 ROE의 추정치 = (2019년 ROE × 3 + 2018년 ROE × 2 + 2017년 ROE × 1) / 6의 방식으로 가중평균으로 계산하고 있다.

하지만 이는 이론상의 기업 ROE 추정일 뿐이다. 실제의 기업 ROE 전망은 그렇게 만만하지가 않다. ROE의 문제점에서 살펴봤듯이 기업의 ROE는 예측 불가능하게 변하며, 추세적으로 하락하는 경향이 높다. 따라서 가중평균을 이용한 ROE 전망 역시 필자의 경험상 기업의 ROE를 정확하게 추정하는 데 별 도움이 되지 못한다.

영업활동현금흐름은 처음부터 과대 계상되었다

아직까지도 많은 전문가들이 기업의 적정가치를 평가하는 지표로 EBITDA를 사용하고 있다. 실제로 EV/EBITDA는 애널리스트 리포트에서 목표주가 산정 방식으로 자주 이용되고 있다. 그러나 앞에서 살펴본 대로 여러 문제점이 노출되면서, 일부 전문가들은 최근 EBITDA 대신 영업활동현금흐름이 기업의 영업활동을 통한 현금 창출 능력을 훨씬 더 정확하게 보여준다고 주장하고 있다.

기업의 진정한 가치는 영업을 통해 얼마나 많은 부현금를 창출해내느냐에 달려 있다. 따라서 영업이익에 감가상각비를 더한 EBITDA 보다 매출채권, 매입채무, 재고자산 등 영업활동에서 발생한 기업의 자산/부채의 변동 사항까지 반영한 영업활동현금흐름이 훨씬 우수한 지표라는 주장이다.

실제로 기업의 영업활동을 통한 현금흐름은 자산/부채 변동의 영향을 많이 받는 경우가 많다.

연결 현금흐름표

제 57 기 2019.01.01 부터 2019.12.31 까지

제 56 기 2018.01.01 부터 2018.12.31 까지

제 55 기 2017.01.01 부터 2017.12.31 까지

(단위 : 원)

	제 57 기	제 56 기	제 55 기
영업활동으로 인한 현금흐름	433,679,709,050	989,560,098,943	429,324,784,710
영업활동에서 창출된 현금	1,031,213,931,567	1,479,138,134,144	915,211,992,032
당기순이익(손실)	(104,367,151,406)	(421,725,111,585)	(109,688,010,762)
조정	1,941,459,055,749	1,977,140,965,216	1,927,880,888,075
영업활동으로 인한 자산부채의 변동	(805,877,972,776)	(76,277,719,487)	(902,980,885,281)
이자의 수취	41,306,217,133	44,527,025,788	48,819,579,898
이자의 지급	(446,725,761,394)	(441,769,661,692)	(450,278,642,618)
배당금의 수취	1,325,542,753	2,527,971,414	2,418,130,866

위의 그림은 두산중공업의 2017년부터 2019년 말까지 영업활동현금흐름이다. 2017년과 2019년의 경우 영업활동으로 인한 자산부채의 변동이 전체 영업활동으로 인한 현금흐름에 큰 영향을 미치고 있음을 알 수 있다.

필자의 생각도 단순하게 영업이익에 현금 유출이 없는 감가상각비만을 더한 EBITDA보다는 영업활동으로 인한 자산/부채의 변동, 이자 비용, 영업 외 손익 등 종합적인 현금흐름을 보여주는 영업활동현금흐름

이 훨씬 정확한 지표라고 생각한다.

영업활동현금흐름은 금융권의 여신 관련 재무제표 분석에서도 아주 중요한 지표로 이용되고 있다. 차입금에 대한 원금과 이자 상환 능력은 결국 기업의 영업활동 결과로 유입되는 현금의 규모와 직결되기 때문에, 금융권에서 기업에 대출해줄 때 관심을 가지고 들여다보게 되는 것은 당연하다.

일부 전문가는 기업의 장기적인 주가 흐름은 영업활동현금흐름과 일치하기 때문에 영업활동현금흐름의 변동을 집중적으로 살펴보라고 주장하고 있다.

그런데 이는 지극히 당연한 결과다. 앞에서 영업활동현금흐름을 분석하면서 살펴본 대로 영업활동현금흐름에 큰 영향을 미치는 매출채권, 매입채무, 재고자산, 감가상각비, 이자 비용, 이자 수익, 이자 수취, 이자 지급 중 감가상각비와 재고자산을 제외한 다른 조정 항목들의 장기 영향력은 사라지게 된다.

기업의 감가상각비가 매년 일정하게 발생한다고 가정하면, 결국 영업활동현금흐름은 기업의 이익 규모와 밀접하게 연동될 수밖에 없다. 따라서 기업의 이익 증가는 영업활동현금흐름이 증가하는 결과를 가져오고 주가도 상승하게 되는 것이다.

이제 영업활동현금흐름이 주가의 방향성을 나타내주는 지표로는 부족한 이유를 살펴보자.

:: 영업활동현금흐름은 처음부터 과대 계상되었다 ::

연결 현금흐름표

제 46 기 2019.01.01 부터 2019.12.31 까지

제 45 기 2018.01.01 부터 2018.12.31 까지

제 44 기 2017.01.01 부터 2017.12.31 까지

(단위 : 천원)

	제 46 기	제 45 기	제 44 기
영업활동으로 인한 순현금흐름	(1,464,118,747)	126,519,621	593,314,273
영업활동에서 창출된 현금흐름	(1,410,650,258)	169,758,466	894,252,428
당기순이익(손실)	213,081,106	(453,610,241)	2,693,141,932
조정항목	(1,623,731,364)	623,368,707	(1,798,889,504)
이자의 수취	96,838,254	140,694,998	144,484,691
이자의 지급	(158,806,223)	(170,526,399)	(277,973,922)
배당금의 수취	2,175,307	30,112,507	18,944,993
법인세의 환급(납부)	6,324,173	(43,519,951)	(186,393,917)

위의 그림은 한국조선해양의 2017년부터 2019년까지 영업활동현금흐름을 보여주고 있다. 장치산업의 특성상 유형자산의 규모가 상당하며 이와 관련해서 매년 발생하는 감가상각비 또한 큰 금액이라고 예상할 수 있다.

감가상각비는 조정 항목에 포함되어 있다. 다음에서 실제 매년 발생하는 감가상각비 규모를 살펴보자.

(단위 : 백만원)

구 분	당기	전기
(1) 당기순이익(손실)	213,081	(453,610)
(2) 조정항목	(1,623,731)	623,369
퇴직급여	127,568	92,934
감가상각비	379,123	375,447
사용권자산감가상각비	11,170	-
무형자산상각비	12,899	19,527
대손상각비(대손충당금환입)	3,375	(17,761)

앞쪽의 그림은 재무제표 주석에서 확인한 한국조선해양의 당기2019년와 전기2018년 영업활동현금흐름 조정 항목의 일부분이다. 매년 3,700억이 넘는 감가상각비가 조정 항목을 통해 영업활동현금흐름에 플러스되고 있다. 그리고 이는 지금까지 당연한 회계 처리로 여겨져 왔다.

과연 합리적인 계산인지, 다음의 그림을 보자.

(단위 : 천원)

투자활동으로 인한 순현금흐름	(329,586,110)	(5,728,546)	596,311,709
단기금융자산의 순증감	(209,263,058)	(806,156,539)	(150,465,818)
기타채권의 감소	8,188,732	8,535,459	7,186,438
관계기업및공동기업투자의 감소		18,078,000	9,545,331
장기금융자산의 감소	30,765,251	156,299,581	1,522,002,147
장기기타채권의 감소	32,947,457	2,050,170	32,863,519
투자부동산의 처분	32,353		
유형자산의 처분	65,938,549	63,717,993	103,176,457
무형자산의 처분	2,984	1,995,564	7,311,255
매각예정비유동자산의 처분	164,123,554	1,020,872,543	123,204,942
정부보조금의 수령	910,967	180,322	440,941
기타비유동자산의 감소	2,693,275	8,979,600	309,801
기타채권의 증가	(47,279,148)		
관계기업및공동기업투자의 증가		(25,144,240)	(17,306,320)
장기금융자산의 증가	(8,623,875)	(228,557,180)	(901,274,248)
장기기타채권의 증가	(36,483,383)	(6,048,856)	(21,121,009)
투자부동산의 취득	(57,793)	(319,106)	
유형자산의 취득	(404,680,134)	(225,753,404)	(373,340,834)
무형자산의 취득	(16,034,423)	(5,801,348)	(24,084,198)

위의 그림은 한국조선해양의 2017년부터 2019년까지의 투자활동현금흐름의 일부분이다. 한국조선해양은 매년 감가상각비와 비슷한 규모로 유형자산을 취득했다. 감가상각비는 기업이 유형자산을 취득하면

당연히 발생하는 비용이다.

그런데 유형자산의 취득은 투자활동현금흐름에서 마이너스를 시키고, 유형자산에서 발생하는 감가상각비는 영업활동현금흐름에 플러스시키는 것이 과연 합리적인 계산이라고 할 수 있을까?

이자 비용은 영업활동현금흐름 조정 항목을 통해 플러스시키고, 비슷한 규모의 이자 지급은 재무활동현금흐름에서 마이너스시킴으로써 결과적으로 영업활동현금흐름을 과대 포장하는 기업과 크게 다르지 않게 되었다. 결국 필자는 영업활동현금흐름도 감가상각비만큼 처음부터 과대 계상되었다고 판단하고 있다.

특히 유형자산의 취득 규모가 클수록 투자활동현금흐름의 마이너스는 커지고, 반대로 영업활동현금흐름은 증가하는 일이 발생한다. 이런 문제로 인해서 필자는 영업활동현금흐름이 기업의 가치평가 지표로는 부족하다고 생각한다. 그렇다면 영업활동현금흐름은 재무제표 분석에 전혀 도움이 되지 않는 걸까?

절대 그렇지 않다. 현금흐름표 분석에서 살펴봤듯이 기본적으로 **당기순이익과 영업활동현금흐름은 큰 차이가 발생해서는 안 되기 때문에, 문제 기업을 파악하는 데 가장 유용하게 쓰이고 있다.**

잉여현금흐름 분석은 일부 기업에만 적용 가능한 투자지표다

그동안 PER주가수익비율, PBR주가순자산비율, EV/EBITDA, ROE, DCF현금흐름할인모형, 잔여이익모델 등 기업의 가치를 평가하는 다양한 지표들이 주식시장에 소개되었다. 새롭게 등장하는 가치평가 지표들은 처음 등장했을 때는 그럴듯한 이론과 설명으로 주식시장에서 큰 관심을 끌었지만, 실제 주가를 예측하는 데는 많은 문제점을 노출하면서 그 한계를 드러냈다.

기존의 기업가치평가 지표들이 한계를 보이면서, 최근 잉여현금흐름 분석이 새로운 기업가치평가 지표로 부각되고 있다. 주된 내용은 잉여현금흐름이 개선되는 시기에 기업의 주가가 크게 상승한다는 주장이다. 나름 잉여현금흐름이 중요하다는 주장을 뒷받침하는 기업의 사례를 제시하며, 잉여현금흐름이야말로 기업의 진정한 가치를 나타내준다고 설명하고 있다.

그러나 그것은 잉여현금흐름의 증가와 기업의 주가가 상승하는 시기가 운 좋게 일치하는 일부 종목의 사례일뿐, 실제 사례를 들여다보면 잉여현금흐름 따로 주가 따로인 기업도 셀 수 없이 많다.

특정 기업가치평가 지표가 주식시장에서 널리 이용되기 위해서는 특정 종목에 한정되어서는 절대 안 되며, 다수의 기업에도 보편적으로 적용 가능해야 한다.

보편적 적용 가능성이 100%를 의미해야 한다고는 생각하지 않는다. 만일 모든 기업에 적용 가능한 완벽한 투자지표가 존재한다면, 주식투자는 아주 쉬웠을 것이다. 그런 완벽한 투자지표는 존재하지도 존재할 수도 없다. 필자는 최소한 60~70%의 확률로 모든 주식에 보편적으로 적용이 가능하다면 뛰어난 기업가치평가 지표라고 생각한다.

최근 중요성이 강조되고 있는 잉여현금흐름을 자세히 분석해보자. 먼저 잉여현금흐름은 다음과 같은 계산으로 얻을 수 있다.

잉여현금흐름 = 영업활동현금흐름 - 영업에 필요한 투자활동현금흐름

잉여현금흐름이란 기업이 영업활동을 통해서 창출한 현금흐름 중 영업활동과 관련된 자산에 대한 투자투자활동현금흐름를 제외하고 남은 현금을 의미한다. 기업이 생산한 제품을 판매하고 주된 영업 비용을 제외하고 남은 현금으로, 필요한 영업자산을 취득하고도 추가로 남은 돈인 만큼 잉여현금흐름이 많이 쌓일수록 기업의 가치가 상승한다는 주장이다.

기업의 본래 목적이 종합적인 영업활동을 통해 최종적으로 부현금를 많이 창출하는 것이기 때문에, 합리적인 주장이라 판단할 수 있다. 특히 기업의 설비투자가 마무리되면 더 이상 투자 지출이 발생하지 않아 기업의 잉여현금흐름이 급증하는 시기에 기업의 주가도 크게 상승한다는 설명이다.

잉여현금흐름은 금융권의 여신 관련 재무제표 분석에서도 EBITDA, 영업활동현금흐름과 함께 아주 중요한 분석지표로 사용되고 있다. 잉여현금흐름이야말로 기업의 차입금에 대한 원금 및 이자 상환 능력을 가장 잘 보여주는 지표로 인식되고 있다. 기업이 주요 영업 비용에 사용하고 필요한 영업 자산을 취득하고도 추가로 남은 돈인 잉여현금흐름이 많을수록, 돈을 빌려준 금융회사 입장에서는 대출금이 부실화될 가능성이 적기 때문이다.

또한 필자는 앞에서 설명한 영업활동현금흐름이 감가상각비만큼 과대 계상되었다고 주장했는데, **영업활동현금흐름에 설비투자에 사용한 현금까지 반영한 잉여현금흐름이 영업활동현금흐름보다는 훨씬 합리적인 계산이라고 생각한다.**

잉여현금흐름의 중요성을 강조하는 전문가의 주장을 먼저 살펴보자.

현금흐름 개선 가속화

2018년 현금흐름 마이너스 전환이후 주가 부진

일진머티리얼즈의 잉여현금흐름 추이를 살펴보면 주가는 2019년 하반기부터 향후 지속적인 우상향 추세 이어갈 것으로 판단된다. 일진머티리얼즈의 잉여현금흐름은 2013/2014년 -556억원, -776억원을 기록한 이후 2015~2017년까지 221억원, 417억원, 435억원으로 가파르게 증가했고 이를 반영하여 2018년 상반기까지 주가는 폭발적인 상승세를 시현했다. 하지만 2018년부터 CAPA 확대 위한 CAPEX 증가 및 하반기 ESS 화재사고, 신규 CAPA 가동 지연이 겹치면서 2018년,2019년 잉여현금흐름에 대한 전망치가 급감하며(2018년 -330억원, 2019년 -400억원 전망) 주가 역시 큰폭 하락했다.

2019년부터 잉여현금흐름 가파른 증가

위의 그림은 이차전지 관련 기업인 일진머티리얼즈에 대한 애널리스트 리포트의 일부분이다.

일진머티리얼즈의 주가는 잉여현금흐름이 가파르게 증가하던 2015년부터 2017년까지 폭발적인 상승세를 시현했다가, 2018년과 2019년 잉여현금흐름에 대한 전망치가 급감하면서 주가 역시 큰 폭으로 하락했다는 설명이다.

전문가의 주장대로 주가가 잉여현금흐름 증감의 영향을 받았는지 확인해보자.

연결 현금흐름표

제 31 기 2017.01.01 부터 2017.12.31 까지
제 30 기 2016.01.01 부터 2016.12.31 까지
제 29 기 2015.01.01 부터 2015.12.31 까지

(단위 : 백만원)

	제 31 기	제 30 기	제 29 기
영업활동현금흐름	61,179	72,915	34,857
당기순이익(손실)	42,190	40,623	(63,271)
당기순이익조정을 위한 가감	30,513	13,605	84,083
운전자본의 변동	(11,136)	27,380	11,969
이자수취(영업)	397	405	197
배당금수취(영업)	138	131	264
이자지급(영업)	(421)	(256)	(3,191)
법인세납부(환급)	(502)	(8,973)	4,806
유형자산의 취득	(17,670)	(31,254)	(12,724)
무형자산의 취득	(183)	(157)	(671)
단기대여금의 증가	(713)	(6,032)	(581)
장기대여금의 증가			(482)

위의 그림은 2015년부터 2017년까지 일진머티리얼즈의 영업활동현금흐름과 투자활동현금흐름 중 유형자산의 취득 부분이다. 영업활동현금흐름에 유형자산의 취득을 반영하면 일진머티리얼즈의 잉여현금흐름을 계산할 수 있다.

애널리스트 리포트의 설명대로 일진머티리얼즈의 잉여현금흐름은 3년 연속 증가했다. 이와 관련해서 해당 기간 주가의 움직임을 확인해 보자.

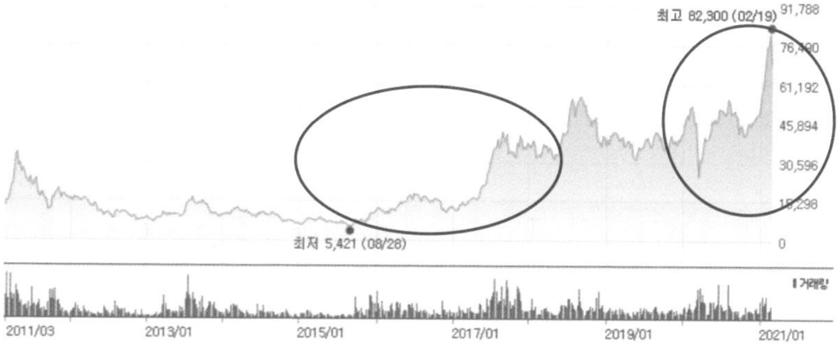

위의 그림은 일진머티리얼즈의 주가 차트다. 실제로 잉여현금흐름이 증가하던 시기인 2015년부터 2017년까지 기업의 주가도 큰 폭으로 상승했다.

그렇다면 코로나로 인한 주가 급락 이후 다시 8만 원대까지 일진머티리얼즈의 주가가 한 단계 레벨업된 2020년 하반기 이후의 잉여현금흐름에는 어떤 변화가 있었는지 재무제표에서 확인해보자.

(단위 : 백만원)

	제 34 기 3분기	제 33 기 3분기
영업활동현금흐름	35,113	26,788
당기순이익(손실)	35,633	38,024
당기순이익조정을 위한 가감	37,174	40,139
운전자본의 변동	(31,482)	(40,669)
이자수취(영업)	1,892	1,517
이자지급(영업)	(566)	(2,409)
법인세납부(환급)	(7,719)	(10,226)
배당금수취(영업)	181	412
투자활동현금흐름	(85,650)	(6,248)
단기금융상품의 처분	130,000	27,000
단기보증금의 감소	562	1,210
당기손익-공정가치금융자산의 감소	135,360	262,006
매도가능금융자산의 처분	695	15
유형자산의 처분	5	14,261
무형자산의 처분	300	3
단기대여금의 회수	583	
장기대여금의 회수	63	
장기보증금의 감소	1,377	20
단기금융상품의 취득	(130,000)	(5,000)
만기보유금융자산의 취득	(112,473)	(205,500)
선물거래예치금의 증가	(600)	(1,351)
매도가능금융자산의 취득	0	(2,571)
유형자산의 취득	(87,346)	(93,223)

위의 그림은 2019년 3분기부터 2020년 3분기까지 일진머티리얼즈의 현금흐름표 일부다.

2020년 3분기까지 일진머티리얼즈의 영업에 대한 투자유형자산의 취득를 반영한 잉여현금흐름은 마이너스 322억이었다. 주가가 급등하기 시작했던 2020년 하반기는 애널리스트의 기존 주장과 상반되는 결과를 보였다.

잉여현금흐름과 주가 움직임의 관계는 비단 일진머티리얼즈 종목에만 국한되는 설명이 아니다.

잉여현금흐름 따로, 주가 따로인 사례

(단위 : 백만원)

	제 18 기	제 17 기	제 16 기
영업활동으로 인한 현금흐름	3,689,164	4,541,566	2,166,270
영업으로부터 창출된 현금	4,538,942	5,292,811	2,937,550
이자의 수취	129,364	100,503	81,268
이자의 지급	(411,189)	(425,816)	(384,446)
배당금의 수취	1,337	68,717	68,471
법인세의 납부	(569,290)	(494,649)	(536,573)
투자활동으로 인한 현금흐름	(2,083,257)	(4,420,289)	(2,582,872)
금융기관예치금의 감소	28,345	33,742	22,062
기타수취채권의 감소	121,074	140,267	159,885
기타금융자산의 회수 및 처분	69,738	65,516	27,532
유형자산의 처분	223,379	147,541	628,342
무형자산의 처분	4,214	2,751	2,043
관계기업 및 공동기업 투자의 회수 및 처분	30,922	8	51,676
투자부동산의 처분	99,663	0	0
매각예정분류자산의 처분	110,814	39,092	12,710
사업양도	173,028	49,618	13,942
기타의 감소	0	0	47
금융기관예치금의 증가	(7,062)	(27,161)	(17,976)
기타수취채권의 증가	(109,232)	(138,587)	(130,915)
기타금융자산의 취득	(72,087)	(63,166)	(49,759)
유형자산의 취득	(2,072,127)	(3,166,489)	(2,575,542)

위의 그림은 LG전자의 2017년부터 2019년까지의 현금흐름표 일부분이다.

유형자산의 취득을 반영한 잉여현금흐름은 2017년제16기 -4,093억,

2018년제17기 +1조 3,751억, 2019년제18기 +1조 6,170억이었다. 2018년 이후 기업의 잉여현금흐름은 크게 증가했다.

과연 같은 기간 주가도 큰 폭으로 상승했는지, 다음 그림에서 확인해 보자.

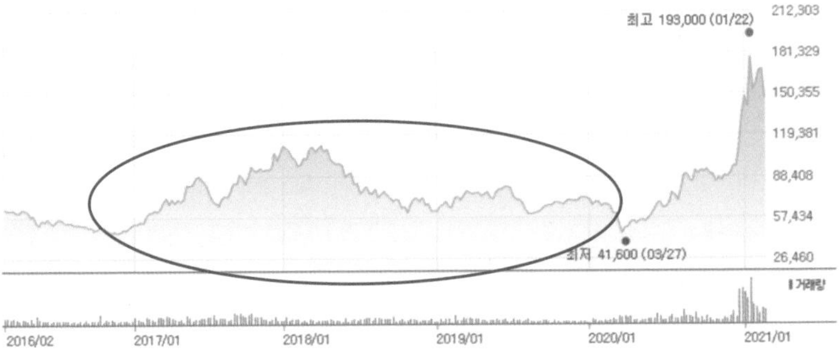

위의 그림은 LG전자의 주가 차트다. 잉여현금흐름이 마이너스였던 2017년 주가는 크게 상승했다가, 잉여현금흐름이 크게 증가한 2018년과 2019년 주가는 오히려 크게 하락했다.

SK하이닉스의 경우도 살펴보자.

(단위 : 백만원)

	제 72 기	제 71 기	제 70 기
영업활동현금흐름	6,483,188	22,227,199	14,690,614
영업으로부터 창출된 현금흐름	11,822,354	25,825,017	15,373,261
이자의 수취	30,543	81,323	41,680
이자의 지급	(231,382)	(126,029)	(120,332)
배당금의 수취	14,891	15,258	14,841
법인세의 납부	(5,153,218)	(3,568,370)	(618,836)
투자활동현금흐름	(10,450,936)	(21,428,749)	(11,919,162)
단기금융상품의 순증감	225,447	4,174,667	(2,776,527)
단기투자자산의 순증감	4,164,793	(4,519,395)	657,523
기타금융자산의 감소		116	308
기타금융자산의 증가	(627)	(100)	(167)
기타수취채권의 감소	13,057	21,824	18,437
기타수취채권의 증가	(57,482)	(48,424)	(22,009)
장기투자자산의 처분	4,316	7,118	3,431
장기투자자산의 취득	(81,447)	(4,012,799)	(26,204)
파생상품거래로 인한 현금유입			902
파생상품거래로 인한 현금유출			(1,201)
유형자산의 처분	53,840	131,754	244,897
유형자산의 취득	(13,920,244)	(16,036,146)	(9,128,303)

위의 그림은 SK하이닉스 종목의 2017년제70기부터 2019년제72기까지의 현금흐름표 일부분이다.

기업의 잉여현금흐름은 2017년 +5조 5,623억, 2018년 +6조 1,910억, 2019년 -7조 4,371억이었다. 양호하던 잉여현금흐름은 2019년 갑자기 크게 감소했다. 잉여현금흐름의 중요성을 강조하는 전문가들의 주장대로라면 2019년 SK하이닉스의 주가는 크게 하락했을 것이다.

실제 주가 움직임을 다음 그림에서 확인해보자.

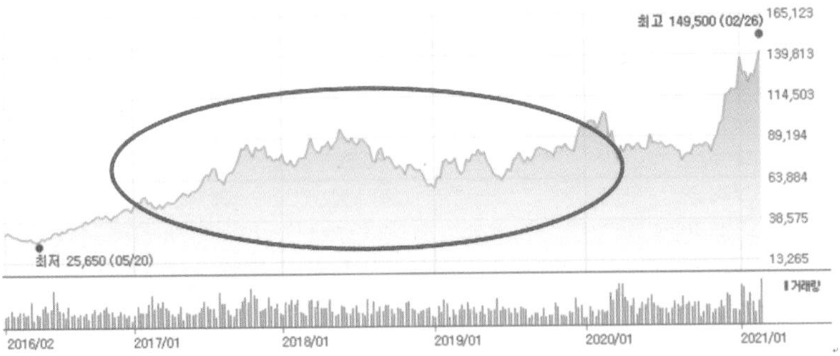

위의 그림은 SK하이닉스의 주가 차트다. 잉여현금흐름이 전년보다 증가했던 2018년 기업의 주가는 중순 이후 크게 하락했다.

그리고 잉여현금흐름이 큰 폭으로 마이너스 전환했던 2019년 주가는 오히려 상승 전환했다.

LG전자나 SK하이닉스보다 훨씬 더 심하게 잉여현금흐름과 주가가 정반대로 움직인 기업도 있었다.

제 20 기 2013.01.01 부터 2013.12.31 까지
제 19 기 2012.01.01 부터 2012.12.31 까지
제 18 기 2011.01.01 부터 2011.12.31 까지

(단위 : 원)

	제 20 기	제 19 기	제 18 기
영업활동현금흐름	122,188,679,150	(26,403,093,743)	48,147,874,330
당기순이익(손실)	(740,431,577)	54,438,491,867	31,081,346,700
비현금항목의 조정	79,987,219,648	33,677,390,864	27,214,930,941
운전자본의 조정	66,153,399,858	(101,220,988,948)	(5,618,750,104)
이자수취	1,082,741,314	1,972,275,071	2,535,969,885
이자지급	(7,267,982,104)	(4,294,445,367)	(2,589,517,920)
법인세납부	(17,026,267,989)	(10,975,817,230)	(4,476,105,172)
투자활동현금흐름	(66,336,933,409)	(150,013,754,495)	(82,987,053,820)
단기금융상품의 감소	175,000,000,000	172,000,000,000	188,261,268
단기대여금의 감소		96,694,480	
유형자산의 처분	11,452,373,718	75,662,000	45,098,000
보증금의 감소	20,000,000	242,400,000	329,575,064
매도가능금융자산의 처분	12,231,781,968	29,925,327,592	
지분법투자주식의 처분		1,430,761,482	
장기대여금의 감소			1,309,735,000
단기금융상품의 취득	(183,040,000,000)	(172,000,000,000)	(13,000,000,000)
단기대여금의 증가	(140,000,000)	(3,199,600,000)	
유형자산의 취득	(79,653,495,074)	(177,541,851,317)	(71,169,791,152)

위의 그림은 인터플렉스 종목의 2011년부터 2013년 현금흐름표 일부분이다. 기업의 잉여현금흐름은 2011년 -230억, 2012년 -2,039억, 2013년 +425억이었다. 2012년 잉여현금흐름은 전년보다 무려 1,800억 가까이 악화되었다가, 2013년에는 반대로 2,500억 가까이 대폭 개선되었다. 인터플렉스의 잉여현금흐름은 연도별로 천당과 지옥을 오가는 형국이다.

이제 주가 흐름을 살펴보자.

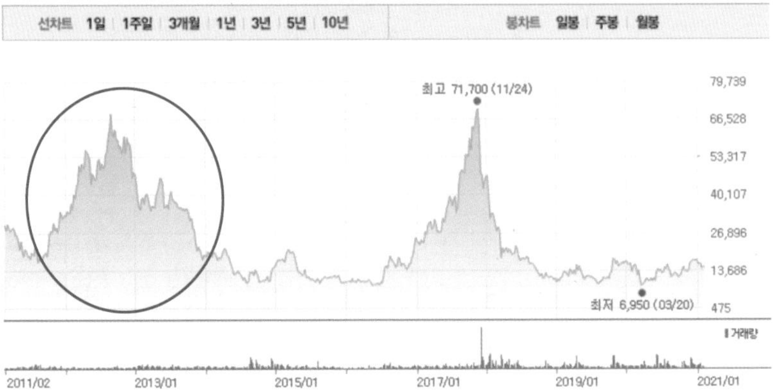

위의 그림은 인터플렉스의 주가 차트다. 2011년부터 잉여현금흐름이 크게 악화된 2012년 중순까지 주가는 아주 많이 상승했다. 그러나 정작 잉여현금흐름이 대폭 개선된 2013년 주가는 크게 하락했다. 잉여현금흐름을 강조하는 전문가들의 주장과는 정반대의 결과였다.

주가가 잉여현금흐름과는 다르게 움직인 원인은 다음과 같다.

포괄손익계산서

제 20 기 2013.01.01 부터 2013.12.31 까지

제 19 기 2012.01.01 부터 2012.12.31 까지

제 18 기 2011.01.01 부터 2011.12.31 까지

(단위 : 원)

	제 20 기	제 19 기	제 18 기
수익(매출액)	991,096,620,558	765,391,479,241	517,735,322,122
매출원가	966,974,908,697	702,124,071,110	465,082,101,651
매출총이익	24,121,711,861	63,267,408,131	52,653,220,471
판매비와관리비	24,071,017,305	16,738,274,761	12,266,712,205
영업이익	50,694,556	46,529,133,370	40,386,508,266

앞쪽 아래 그림은 인터플렉스의 2011년부터 2013년까지의 손익계산서 일부분이다. 주가가 크게 올랐던 2011년과 2012년 영업이익은 각각 403억, 465억이었다.

그러나 주가가 크게 하락한 2013년 영업이익은 잉여현금흐름과는 반대로 0.5억에 불과했다. 2012년 1,700억이 넘는 대규모 유형자산의 취득에 따른 2013년 감가상각비의 급증매출원가 급증의 영향으로 영업이익이 급감한 것이다.

인터플렉스 주가 차트에서 다음과 같은 사실을 확인할 수 있다. 2012년 대규모 설비투자와 그에 따른 감가상각비 급증 및 영업이익의 감소로, 인터플렉스 주가는 2013년부터 2016년까지 대략 4년간 주가 역시 조정을 받았다. 재무제표에서 확인해본 결과, 인터플렉스의 영업이익은 감가상각비 급증으로 2014년 –917억, 2015년 –847억, 2016년 –515억이었다.

인터플렉스의 사례에서 확인할 수 있듯이 **기업의 주가는 잉여현금흐름이 아닌 기업의 영업이익의 영향을 가장 많이 받는다.**

잉여현금흐름의 또 다른 문제는 기업 또는 업종에 따라 영업에 대한 투자가 전혀 다르다는 사실이다. 즉 영업에 대한 투자를 명확하게 규정하기 어렵다는 점이 잉여현금흐름에 대한 신뢰도를 떨어뜨린다.

예를 들어 제조 업종에 속하는 기업의 경우라면 당연히 유형자산의 취득이 영업에 대한 투자 지출일 것이다. 반면에 반도체 칩 설계, 게임 개발회사, 소프트웨어 개발 및 판매가 주된 영업인 회사의 경우 본사 건물을 사들이는 것이 아니라면 유형자산의 취득은 상대적으로 적을 것이다.

그렇다면 그런 회사들은 영업에 대한 투자가 전혀 없다고 할 수 있을까?

실제 기업의 사례를 살펴보자.

정확한 잉여현금흐름 확인이 어려운 기업의 사례

(단위 : 원)

	제 15 기	제 14 기	제 13 기
영업활동현금흐름	29,259,194,380	9,679,520,445	15,875,729,642
당기순이익	25,460,628,552	16,668,711,842	3,409,904,794
비현금조정	5,251,561,365	4,634,411,523	14,413,320,078
감가상각비	1,081,071,092	996,124,176	949,544,523
사용권자산상각비	535,265,947	0	0
무형자산상각비	1,210,094,845	1,125,975,612	1,247,501,425
투자활동현금흐름	(30,522,198,910)	(6,097,101,264)	(24,088,258,924)
유형자산의 처분	25,000	1,472,181	9,985,341
유형자산의 취득	(2,856,228,741)	(850,074,241)	(705,444,251)

위의 그림은 구인구직 관련 매칭 플랫폼인터넷 포털 및 모바일 사업을 하고 있는 사람인에이치알의 2017년제13기부터 2019년제15기까지의 영업활동현금흐름과 유형자산의 취득 및 처분 내역이다.

2019년 28억 유형자산의 취득을 영업에 대한 투자로 볼 수 있는지, 재무제표 주석에서 상세 내역을 확인해보자.

당기 및 전기 중 연결기업의 유형자산의 변동내역은 다음과 같습니다.

<당기> (단위 : 천원)

구 분	토지	건물	차량운반구	비품	시설장치	합계
기초장부가액	3,616,554	3,660,833	1	1,632,551	543,448	9,453,387
취득원가	3,616,554	4,946,741	13,491	6,400,674	2,272,347	17,249,807
감가상각누계액	-	(1,285,908)	(13,490)	(4,768,123)	(1,728,899)	(7,796,420)
일반취득	730,926	1,025,246	-	1,100,057	-	2,856,229
감가상각비	-	(171,094)	-	(700,444)	(209,533)	(1,081,071)
처분/폐기	-	-	-	(102)	(25)	(127)
기말장부가액	4,347,480	4,514,985	1	2,032,062	333,890	11,228,418
취득원가	4,347,480	5,971,986	13,491	7,009,390	1,773,410	19,115,757
감가상각누계액	-	(1,457,001)	(13,490)	(4,977,328)	(1,439,520)	(7,887,339)

위의 그림은 사람인에이치알 기업의 2019년 말 유형자산 변동 내역이다. 2019년 새롭게 취득한 유형자산을 보면 토지, 건물, 비품 등으로 영업에 대한 투자로는 볼 수 없다. 그렇다면 영업활동현금흐름만이 기업의 잉여현금흐름이라고 할 수 있을까?

절대 그렇지 않다. 사람인에이치알 기업처럼 플랫폼 서비스 제공이 주된 영업인 경우 기존 서비스의 효율성을 높이기 위한 인력 채용도 영업에 대한 투자라 할 수 있기 때문이다. 따라서 매년 인력 추가 채용에 따른 인건비 증가도 잉여현금흐름에 반영시키는 것이 맞다.

그러나 인건비 증가도 어디까지가 영업에 대한 투자인지, 단순 본사 관리를 위한 비용 증가인지 회사조차도 명확하게 구분하기 어렵다. 이렇듯 잉여현금흐름에 반영하는 영업에 대한 투자를 어디까지 볼 것인지 모든 기업에 일률적으로 적용하는 일이 현실적으로 불가능하다는 점도 잉여현금흐름의 신뢰도를 떨어뜨린다.

곡물이나 과일의 수확 시기는 명확하게 정해져 있다. 한 해 농사의 결실에 대한 감사의 마음을 조상님께 전하기 위해 음식을 장만해서 차례를 지내는 날이 추석이며, 하느님께 감사 예배를 올리는 날이 추수감사절이다.

그러나 대부분의 기업들에게 투자 수확의 시기는 따로 정해져 있지 않다.

(단위 : 백만원)

	제 52 기	제 51 기	제 50 기
영업활동으로 인한 현금흐름	419,784	3,764,265	3,922,421
영업으로부터 창출된 현금흐름	2,687,314	6,088,686	5,943,229
연결당기순이익	3,185,646	1,645,019	4,546,400
조정	15,145,995	14,036,476	12,781,081
영업활동으로 인한 자산·부채의 변동	(15,644,327)	(9,592,809)	(11,384,252)
이자의 수취	672,283	696,134	517,453
이자의 지급	(2,073,310)	(1,950,392)	(1,746,629)
배당금의 수취	204,455	206,323	852,820
법인세의 납부	(1,070,958)	(1,276,486)	(1,644,452)
투자활동으로 인한 현금흐름	(5,929,184)	(2,415,064)	(4,744,413)
단기금융상품의 순증감	(5,610)	(232,528)	(253,493)
기타금융자산(유동)의 순증감	495,541	2,596,564	64,513
기타금융자산(비유동)의 감소	7,189	141,979	85,667
기타채권의 감소	51,417	79,241	210,881
장기금융상품의 감소	2,861	47	26
유형자산의 처분	85,901	105,116	118,138
무형자산의 처분	2,605	4,714	2,231
공동기업 및 관계기업투자의 처분	1,404		
종속기업의 취득	13,004	5,271	
기타금융자산(비유동)의 증가	(679,741)	(125,123)	(177,382)
기타채권의 증가	(49,631)	(56,755)	(218,411)
장기금융상품의 증가	(18,759)	(16,691)	(20,627)
유형자산의 취득	(3,586,716)	(3,226,486)	(3,055,023)

앞쪽의 그림은 현대자동차의 2017년제50기부터 2019년제52기까지의 현금흐름표 일부분이다.

기업의 잉여현금흐름은 2017년 +8,674억, 2018년 +5,378, 2019년 -3조 1,670억으로 잉여현금흐름이 크게 증가한 시기가 따로 없었다. 2017년 이전인 2014년, 2015년, 2016년에도 잉여현금흐름이 크게 증가하는 시기는 따로 없었다.

현대자동차뿐만 아니라 삼성전자, LG화학 등 대한민국을 대표하는 글로벌 대기업들 모두 잉여현금흐름이 크게 증가하는 투자 수확의 시기는 없었다. 그 주된 이유는 매년 영업에 대한 투자가 대규모로 있었기 때문이다.

대한민국 대표 기업들은 경쟁력 확보를 위한 투자를 결코 멈추지 않고 있다. 따라서 **잉여현금흐름이 급증하는 시기에 주가도 급등한다는 주장은 일부 종목에만 해당하는 내용이다.**